A PESAR DE LO QUE TE ENSEÑARON A CREER...

NO HAY NADA MAL CONTIGO

UN PROCESO COMPASIVO DE ACEPTARTE A TI MISMO
EXACTAMENTE COMO ERES

CHERI HUBER

DISEÑADO E ILUSTRADO POR JUNE SHIVER

Con Gratitud para
Walter y Ramada.

Agradecimientos

Mi más profundo reconocimiento para Christa, Michael, Jen, Chris, Dave, Melinda, Faith, Ann, Mickey, Tricia, Phil, Cameron, Jan, Margaret, Nancy S., Mark, Nancy D., Jennifer, Erin, los monjes, y a todos los que han hecho posible nuestros retiros de "No Hay Nada Mal Contigo".

Agradecimientos especiales a todos los que han participado en nuestros retiros.

Prefacio

Cuando yo empecé a guiar a la gente a través del camino del crecimiento espiritual, me di cuenta de que una gran parte de mi papel era el de ser una representante externa del amor incondicional y de la aceptación que ellos esperaban encontrar dentro de sí mismos. También me di cuenta muy pronto de que ellos no sabían lo que buscaban ni que yo estaba representando ese papel. Entonces proseguimos con la maestra que representa el amor, que proporciona estructura, seguridad, madre/padre, al igual que la redentora sabia y compasiva que les daría paz, claridad y libertad.

Algunos concluyeron rápidamente que yo no podía darles lo que ellos buscaban y se fueron a seguir buscando a alguien que lo hiciera. Otros permanecieron y lentamente, dando con valentía un paso detrás de otro, crecieron hasta llegar a ver que nadie podía darles lo que buscaban porque ya lo tenían, ya lo llevaban dentro de sí mismos. Descubrieron que su labor era llegar a encontrarlo por sí mismos. El maestro simplemente les mostraba el camino.

A través de los años, me he dado cuenta de que lo que yo hago como Guía es tratar de que la gente se desprenda del condicionamiento que les dice que son malos, que están equivocados y que son ineptos, durante un tiempo suficiente para que ellos puedan vislumbrar quienes son realmente. Ha sido después de años en los que han aprendido a confiar en mis percepciones, que han llegado a aceptar que sus creencias acerca de sí mismos y acerca del mundo, pueden ser menos que completamente ciertas.

Todas las enseñanzas espirituales nos dicen que lo que buscamos está dentro de nosotros. Cuando somos niños aprendemos a no seguir buscando en nosotros mismos para encontrar lo que es verdadero para nosotros. Dependemos de otros para que nos lo digan. Buscamos en padres, maestros, amigos, amantes, esposo, esposa, hijos, Jesús, el Buda, Dios—en todos "allá afuera". El amor, la aceptación y la aprobación están afuera y deben ser ganados de alguna manera.

Cuando nos alejamos completamente de nosotros mismos, de nuestro corazón, nos sentimos separados y nos encontramos luchando por nuestra supervivencia. Ahora solo soy un pequeño YO a la deriva en un mundo amenazante. Mi enfoque debe ser sobrevivir.

La sociedad ofrece varias técnicas y procesos de ayuda diseñados para permitirnos hacerle frente de una mejor manera. Pero algunos de nosotros, yo diría que los más afortunados, no aprenden a sobrellevarlo. Continuamos teniendo una molesta sensación de que hay algo fundamentalmente mal con toda la estructura. "No es solamente que yo esté mal. Se siente mucho más grande que eso."

Esta profunda insatisfacción lleva a una persona a considerar el ámbito del espíritu. "Quizás es más grande de lo que yo pensé".

La razón por la cual la práctica espiritual es esencial para trabajar en ir más allá del auto-odio, es que para poder liberarnos de él debemos encontrar la incondicionalidad. Es posible que no tengamos las palabras y los conceptos, pero tenemos el anhelo puesto que es algo más grande que este mundo, algo duradero y seguro. Por supuesto, el egocentrismo (la ilusión de que estás separado de todo lo demás) comienza con la idea de que puedes encontrar esto por tí mismo, pero inicialmente no importa. Lo que importa es la búsqueda, no es ni quien busca ni lo que se está buscando.

El egocentrismo es condicional. Es dualista. Es el proceso de creer que estamos separados. A la ilusión de separación no le es posible experimentar totalidad.

Una práctica espiritual, si estamos dispuestos y somos pacientes y sinceros, nos llevará a aquello que puede acoger al "YO" que piensa que está separado.

A medida que aprendes a permanecer sentado, quieto y a prestar atención, empezarás a ver a través de la ilusión, más allá de las voces condicionantes de la sociedad, y de regreso a tu ser original, y lentamente esa percepción se convierte en algo más real que todo lo que te han hecho creer. Empezarás a dejar de identificarte con esa persona pequeña, condicionada y temerosa que tú piensas que es tu ser real y adquirirás una visión más amplia.

Con práctica pasarás de ser alguien que espera ser salvado a ser aquello que puede salvar. Empezarás a ser el amor, la aceptación y la compasión que siempre has buscado.

Con cariño y bondad,
Cheri

Tabla de Contenido

Te han enseñado
que hay algo mal contigo
y que eres imperfecto,
pero no lo hay
y no lo eres.

Sobreviviendo la Niñez: Estableciendo desde temprano una base fuerte de odio a uno mismo

A menos que hayas sido criado por lobos, hay muy buenas posibilidades de que a medida que ibas creciendo, escuchaste algo de lo siguiente:

No hagas eso... Deja eso... Coloca eso ahí... Te dije que no hicieras eso... ¿Por qué nunca escuchas?... Quita esa cara... Te daré un motivo para llorar... No toques eso... No deberías sentirte de esa manera... Deberías haberlo sabido... ¿Aprenderás alguna vez?... Deberías sentir vergüenza contigo mismo... Deberías avergonzarte... No puedo creer lo que hiciste... No dejes que yo te vea haciendo eso otra vez... Ya ves, de algo te sirvió... Te lo dije... ¿Vas a aprender alguna vez?... ¿Cuáles fueron las últimas palabras que salieron de mi boca?... ¿En qué estabas pensando?... Lo arruinas todo... No tienes sentido... Estás loco... Las enfermeras debieron haberte dejado caer de cabeza... Haz algo bien siquiera una vez... He sacrificado todo por ti y qué agradecimiento recibo... Tenía muchas esperanzas puestas en ti... Te lo he dicho una y mil veces... Te tiendo la mano y agarras el brazo... Cualquiera sabría que... No me contestes mal... Vas a hacer lo que yo diga... No es gracioso... ¿Quién te crees que eres?... ¿Por qué lo hiciste de esa manera?... Naciste malo... Me vuelves loco... Lo haces por herirme... Te podría despellejar vivo... ¿Qué dirán los vecinos?... Haces eso para torturarme... Eres muy cruel... Podría matarte a golpes... Todo es tu culpa... Me enfermas... Quieres matarme... Y ¿Qué es lo que te pasa, llorón?... Vete a tu cuarto... Te lo mereces... Come porque hay niños pasando hambre... No saques el labio... Si lloras te golpeo... No piensas en nada más... Aléjate de mí vista... etcétera, etcétera, etcétera, sin parar.

En algún momento, a través del tiempo, llegaste a la conclusión de que había algo mal contigo.

¡POR SUPUESTO QUE ASÍ FUÉ!
¿QUÉ OTRA CONCLUSIÓN PODÍAS SACAR?

SI NO HUBIESE NADA MAL CONTIGO,
¡LA GENTE NO TE TRATARÍA
DE ESA MANERA!

¡NO TE DIRÍAN ESAS COSAS!

¡EQUIVOCADO!

Entonces, ¿por qué me hicieron eso?

Porque se lo hicieron a ellos.
Porque hacemos
lo que nos han enseñado,

La sociedad llama a esto "crianza"
o
"socialización".

Nosotras lo llamamos
"triste".

El proceso de socialización nos enseña:

a asumir que hay algo mal en nosotros,
a buscarnos defectos,
a juzgar los "defectos" cuando los encontramos,
a odiarnos por ser como somos,
a castigarnos hasta que cambiemos.

Nos han enseñado que esto es lo que la gente
buena hace.

La socialización no nos enseña:

a amarnos por nuestra bondad,
a valorarnos por lo que somos,
a confiar en nosotros mismos,
a creer en nuestras habilidades,
a penetrar en nuestro corazón para buscar guía.

Nos han enseñado que esto es estar "centrado en
nosotros mismos".

Para cuando la socialización se ha completado,
la mayoría de nosotros ya tiene una

de que nuestra única esperanza para ser bueno es
castigarnos cuando somos malos.

Creemos más allá de la duda que sin

el mal vencería al bien.

Todo este libro
se basa en la premisa de
que ¡Eso No Es Verdad!

Esto es lo que es posible:

El niño/la niña nace.

El niño/la niña aprende a alejarse de sí mismo y busca a otro para satisfacer sus necesidades. (Deja de confiar en su sabiduría interior).

La necesidad no es satisfecha; el niño/la niña cree que es porque él/ella es malo. El niño/la niña abandona su yo y decide ser perfecto (ser como otros quieren que sea). "No necesitaré nada" "No debo sentir miedo" "Haré todo bien".

El niño/la niña empieza a desarrollar comportamientos de supervivencia. Estos comportamientos son autodestructivos, de autonegación y autoconservación (se cierra emocionalmente, embotella sus sentimientos, etc.).

El niño/la niña vuelve a nacer.

La persona encuentra compasión y autoaceptación.

Trabajo de concientización.

La persona hace todo lo posible para que su condicionamiento funcione.

Sufrimiento

El individuo usa su auto-odio para ser una buena persona (valora a otros más que a sí mismo, se anula innecesariamente, usa ideales en su contra).

9

Mi Mecanismo de Supervivencia me ¡Está Matando!

Lo que te sucedió, no a quien tú eres, te hace sentir enojado, temeroso, codicioso, cruel, ansioso, etc.

Cuando somos muy jóvenes aprendemos comportamientos para poder sobrevivir.
Nos enseñaron a odiar esos comportamientos, a verlos como señal de nuestra maldad. Sin embargo, debemos mantenerlos porque para nosotros todavía significan supervivencia.

Y nos odiamos por mantenerlos.

LA TRAMPA:
Creo que debo ser de esta manera para sobrevivir.
Me odio por ser de esta manera.

RESULTADO:
Odio a mí mismo = Supervivencia
Supervivencia = Odio a mí mismo

El sufrimiento nos da una identidad.
Esta identidad se mantiene
en constante lucha e insatisfacción
en su esfuerzo por reparar lo que está dañado.

ESTOS SON LOS MISMOS.

el condicionamiento kármico egocéntrico
el odio a mí mismo
el miedo
la preocupación
el sufrimiento
la ilusión de separación

Entonces, estamos siempre buscando algo que esté mal, constantemente creando nuevas crisis para poder elevarnos a la altura de la ocasión. Para el ego, esto es supervivencia.

Es muy importante
que haya algo malo
para poder continuar superándolo.

El Odio a Mí Mismo Es un Proceso

El odio a mí mismo es un "Cómo" no un "Qué".

Ejemplos:
Si soy una persona aprensiva, la preocupación es el "Cómo", el proceso. Las cosas por las cuales me preocupo son los "Qué", el contenido.

Si estoy atrapado en odio a mí mismo, el odio a mí mismo es el "Cómo", el proceso. Los aspectos que odio en mí— cuerpo, personalidad, apariencia (la lista es interminable)— son los "qué", el contenido.

En otras palabras, no me estoy odiando a mí mismo; el odio a mí mismo me está odiando a mí. El odio a mí mismo es un proceso autónomo que tiene vida propia, una grabación interminable de condicionamiento que crea y moldea nuestro mundo.

El ejemplo más simple es que si el odio a mí mismo está odiando mi cuerpo,

No importa lo que haga ni mi apariencia, nunca podré estar a la medida de los estándares del odio a mí mismo,

lo cuál es el punto.

El odio a mí mismo no me está odiando
para ayudarme.

No.

Lo que hace es un proceso de odio y odiar es justo
lo que hace.

MIENTRAS EXISTA, SIEMPRE ENCONTRARÁ ALGO QUE ODIAR.

Así es como se sostiene.

El proceso de odio a uno mismo forma tanta parte de la persona promedio que ni siquiera lo reconocemos.

Pensamos que solamente estamos haciendo las cosas que nos asegurarán que somos buenos.
Decimos, es normal.
Todos lo hacen.
O deberían.

Si quieres saber lo que estabas condicionado a creer como un niño / una niña observa cómo te tratas a ti mismo hoy.

¿Quiere decir esto que alguien te trató de esa manera intencional y deliberadamente?

Quizás no.

Pero de todas maneras recibiste el mensaje,

¿no?

Una Farsa que al Odio a uno mismo le Encanta Mantener

Es confuso para alguien llegar a la conclusión de que no es amado porque hay algo malo en él/ella.

"Quiero ser amado, pero hay algo malo en mí. Tengo que arreglar eso aun cuando no estoy realmente seguro de lo que es o cómo arreglarlo. Pero debo seguir intentándolo de todas maneras porque realmente deseo ser amado".

Esta persona que está tratando de ser adorable invierte mucho tiempo, atención y energía intentando ser buena, ganar aprobación, complacer a otros,

SER PERFECTA.

Y entonces, cuando encuentran que todos esos intentos no funcionan, y que de hecho no les consiguen el amor y la aprobación que desean, lo único que saben que pueden hacer es

TRATAR CON MÁS EMPEÑO.

Es como estar de viaje
y estar totalmente perdido,

ir en la dirección incorrecta,
sin embargo, hacer buen tiempo.

Y lo único que nos queda es confusión. "Estoy atrapado y confundido. Lo que estoy haciendo no funciona, pero no sé qué otra cosa hacer".

La confusión es el resultado de intentar adherirse a una creencia condicionante (si trato con más empeño puedo hacer que funcione) al darte cuenta de lo que es real para ti (Esto no funciona. Me siento impotente. Debe haber otra manera). *

Si continúas prestando atención, la confusión le dará paso a la claridad. Si puedes encontrar la voluntad para OBSERVAR, Y ASUMIR UNA POSICIÓN ANTE LA FARSA EN LA CUAL TE HA ATRAPADO EL ODIO A TI MISMO, la confusión le abrirá paso a la claridad.

Y la claridad es compasión.

---

*Es siempre una buena idea volver atrás y revisar la premisa original. En este caso, la premisa defectuosa es que, si cumples con la interminable lista de estándares cambiantes y nebulosos, podrás ser quien debes ser, serás adorable, y serás amado.

ALGUNAS DE LAS FORMAS
QUE ASUME EL ODIO A UNO MISMO

SABOTAJE
Tratas de hacer algo bueno para ti o para alguien más y de alguna manera, logras voltear toda la situación en tu contra. Continúas haciendo exactamente todo aquello que no querías hacer o que no apruebas y no puedes entender cómo es que haces eso. Es un sistema perfecto de odio a uno mismo porque:
1) Estás operando basado en un ideal.
2) No vives a la altura de lo ideal.
3) No puedes entender qué es lo que estás haciendo mal

CULPARTE PERO NO DARTE CRÉDITO
Si algo sale bien, es un regalo de Dios. Si sale mal, es toda tu culpa. Aun cuando te des un poco de crédito por algo, siempre puedes evitar sentirte bien al respecto buscando algo que pudo haberse hecho mejor.

CULPAR A OTROS
Odio a uno mismo y odio a "otro" es lo mismo. Ya sea que odies a los demás o te odies

directamente a ti mismo. Siempre eres quien lo recibe.

SER SIGILOSO
No permites que otras personas sepan lo que está sucediendo dentro de ti para así poder seguir ahí azotándote con eso.

GUARDAR RENCORES
Rememoras viejas heridas e injusticias en lugar de estar presente contigo mismo en el ahora.

NO SER CAPAZ DE RECIBIR
Regalos, cumplidos, ayuda, favores, alabanzas, etc. son cosas que tienes dificultad para permitirte tener.

ENCONTRAR LO QUE HAY DE MALO EN TODO
Tu hábito es encontrar defectos, criticar, juzgar y comparar. Recuerda, lo que es, es lo único que es. La realidad alterna en la cual todo es exactamente como tú piensas que debe ser existe solo en tu mente, y existe primordialmente para torturarte.

TRATAR DE SER DIFERENTE
Ser simplemente quién eres, tu ser sencillamente

natural, no es suficiente. Sientes que tienes que mantener una imagen.

INTENTAR SER PERFECTO
Esta habla por sí misma.

TENER TENDENCIA A LOS ACCIDENTES
Tu atención está tan frecuentemente enfocada en otro tiempo, persona o cosa, que te causas lesiones en el presente. Sientes que no mereces tu atención. Otros son más importantes.

PONIÉNDOTE EN SITUACIONES ABUSIVAS.
Aun cuando te des cuenta de que tienes este patrón, tu miedo y tu odio a ti mismo son demasiado fuertes para dejarte salir de eso.

MANTENER UNA POSICIÓN FÍSICA INCÓMODA
Mantienes los hombros en una posición que te ocasiona dolor. Rechinas tus dientes. Te sientas encogido en el autobús como para no invadir el espacio de alguien. Continúas sentándote en una silla incómoda en el trabajo porque no quieres crear conflicto.

MANTENER UNA POSICIÓN MENTAL INCÓMODA
Aferrándote a "debería". "No está bien ser tan

feliz cuando hay tanto sufrimiento en el mundo".
"La gente debería decir gracias y por favor". "Los
niños merecen tener dos padres".

ALGUNAS VOCES, GESTOS Y ACCIONES DEL ODIO A UNO MISMO

Una palabra o un gesto pueden conjurar toda una vida de negatividad o fracaso, o indignidad. Cuando salen a la superficie los recuerdos y las emociones que están atadas a esa palabra o a ese gesto, es como si te hubieran arrojado encima una carga de odio a ti mismo.

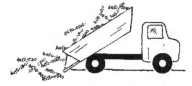

"¡No puedo creer que hiciste eso! ¿Qué es lo que pasa contigo?".

"¡Por Dios, Cheryl!" (En tono de disgusto)

Una encogida de hombros y las palabras "No Importa". (Indican una derrota total)

Un angustiante sentimiento de "He hecho algo malo", y un sentimiento de pánico, "¿Cuál es la manera correcta de arreglarlo?".

Comprar algo para cualquiera, pero nunca nada para mí.

Querer comer algo y una voz diciendo: "¿No puedes nunca decirte que no?" y darme cuenta de que yo me digo no a mí mismo todo el tiempo acerca de todo con la excepción de comida.

LAS VOCES

A manera de explicación...
En este libro nos referimos a menudo a "las voces
dentro de tu cabeza" o frases similares.

No estamos hablando acerca de una enfermedad
psicológica.

"Las voces dentro de tu cabeza" hace referencia a
la casi infinita corriente de pensamientos que todos
experimentamos, el flujo constante de juicios,
ideas, crítica, y opiniones que nos decimos a
nosotros mismos uno y otro día.

Y queremos enfatizar
que es importante
no creer que estas "voces"
tengan alguna información sobre ti
que te sea útil.

Utilizamos los términos
"odio a ti mismo"
y
"egocentrismo"
con el mismo significado.

Hasta el momento, en este libro hemos estado dándote una definición de odio a ti mismo.

Entonces,
¿Qué es egocentrismo?

El egocentrismo es la ilusión de ser un ente separado, separado de todo – de nosotros mismos, de los demás, de la vida, del Universo – que resulta principalmente del proceso social de condicionamiento. Al egocentrismo le interesa una sola cosa y nada más: SOBREVIVIR A CUALQUIER PRECIO.

DIRÁ Y HARÁ LO QUE SEA para permanecer en control de tu vida.
Cruzará cualquier puerta.
Nada lo detendrá

El Odio a ti mismo tiene muchas voces. Aquí hay algunas.

VOZ: No hay nada sutil al respecto. "Eres despreciable. Me repugnas".

VOZ: Suena a crítica constructiva, normal y edificante: "Fue estúpido de mi parte haber dicho eso. Debo cuidarme de lo que digo". (Los niños aprenden temprano a llamarse a sí mismos y a los demás "estúpidos")

VOZ: Suena a autodisciplina; nos ayuda a mantenernos en el camino correcto. "Debo terminar esto ahora aun cuando me siento exhausto. No debo ceder ante pequeñas indulgencias para conmigo mismo. ¿Quién sabe a dónde terminaría?

VOZ: Suena realmente muy sincera y útil; la voz de la claridad y la sabiduría. Lees un libro que tenga un profundo significado para ti, pero cada frase se traduce a "Yo debería ser así". Esta voz inicialmente puede sonar sincera, pero muy pronto se torna en acusación. "He estado haciéndolo mal todo este tiempo. ¿Cuál es mi problema?". Otro ejemplo: Cuando estás sentado meditando, tal vez estés cómodo y tranquilo, simplemente respirando. Entonces la voz te dice: "No creo que estoy haciéndolo bien. Si así fuera, mi atención no divagaría".

Puedes escuchar las voces que te dicen que hay algo malo en ti.

De hecho, es muy beneficioso estar consciente de ellas.

¡SIMPLEMENTE NO LAS CREAS!

La mayoría de lo que nos han

HECHO CREER
TUVIERON QUE
HACÉRNOSLO CREER
PORQUE
¡NO ES VERDAD!

Esta es la razón por la cual los niños tienen que ser condicionados tan excesivamente. ¡NUNCA HUBIÉRAMOS LLEGADO A ESAS CONCLUSIONES POR NOSOTROS MISMOS!.

Si por un momento pudiéramos ver lo que nos han hecho creer con una mente no-condicionada, veríamos que no solamente no es verdad,

es absurdo.

¿De dónde
vino todo
este odio a ti
mismo?

Socialización y Subpersonalidades

El odio a uno mismo lo aprendemos desde niños, y lo aprendemos aunque crezcamos en una familia amorosa o no. El proceso es más o menos así:

1.

El niño / la niña tiene una necesidad.

EJEMPLO:
El niño / la niña tiene miedo.

2.

La necesidad es rechazada.

La necesidad no es satisfecha por la persona a quien el niño / la niña busca para que lo haga. Cuando esto sucede el niño / la niña se traumatiza. El trauma/rechazo se convierte en una subpersonalidad, un aspecto permanente de la personalidad de este niño, un mecanismo de defensa, una parte del sistema de supervivencia del niño / la niña.

3.

El niño / la niña crea un comportamiento como medio de supervivencia para satisfacer la necesidad.

EJEMPLO:

Si el niño / la niña le tiene miedo a la oscuridad, él o ella se levantará y esconderá una linterna en la cama. Esta capacidad para idear un plan subrepticio para protegerse a sí mismo se convierte en una subpersonalidad.

4.

El niño / la niña simultáneamente se identifica con la figura de autoridad que no satisfizo la necesidad ("Tienen razón. Soy malo por ser de esta manera"), y se identifica con la parte que fue rechazada ("Tengo miedo y no me aman porque tengo miedo").

El niño / la niña, incapaz de asimilar esto conscientemente, sin embargo, aprende a creer: "Debe haber algo malo en mí, por eso me tratan de esta manera. Es mi culpa. No es culpa de ellos". En la mente del niño / la niña no puede haber nada malo con los padres puesto que la supervivencia depende de ellos.

AQUÍ NACE EL ODIO A UNO MISMO

5.

El niño / la niña decide ser "perfecto", hacer todo bien, ser realmente bueno para poder ser amado. No hay opción al respecto; la supervivencia del niño / la niña depende de ello.

"No me aman porque hay algo malo en mí. Tengo que pensar en todo. Si lo hago bien y no dejo que eso vuelva a suceder entonces me amarán".

ESTAS REFLEXIONES SOSTIENEN EL ODIO A UNO MISMO.

6.

Para asegurar la supervivencia nace la subpersonalidad de "El Juez" para asegurarse de que el niño / la niña es perfecto, correcto y bueno.

El nacimiento del Juez garantiza la continua existencia del odio a uno mismo.

Este proceso se repite constantemente hasta aproximadamente la edad de 7 años cuando se dice que estamos completamente socializados. Después de eso, al Juez se le hace permanente y se le garantiza un trabajo de tiempo completo.

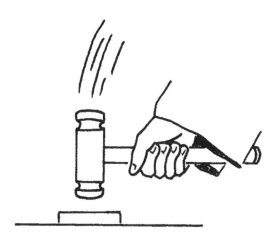

Durante este proceso hemos concluido que las necesidades son malas y que somos malos por tenerlas.

Y, por supuesto, de todos modos las tenemos.

¿Por Qué Soy Tan Dependiente?

ESTUDIANTE: Recientemente usted usó el término "Cosa horrible y encimosa", y me di cuenta de que eso es exactamente lo que pienso al respecto: Ser dependiente es horrible. Con razón no puedo dejar que la dependencia se manifieste en mí. Y cuando la veo en otros, los azoto con el mismo juicio, que es horrible e inaceptable.

GUÍA: Ese es un ejemplo de la conclusión a la que llegamos cuando empezamos a aprender a abandonarnos. Concluimos que la razón por la cual nos rechazaron era porque teníamos una necesidad, y tener una necesidad significa que eres malo. Si eres malo, no mereces ser amado, y si no mereces ser amado, no podrás sobrevivir. Entonces, desde esta perspectiva, el fondo del asunto es—

No Tengas Necesidades.

Una vez que hemos dirigido nuestra atención hacia afuera, la mayoría de nosotros nunca aborda la necesidad original que quedó insatisfecha y que fuimos forzados a abandonar de una manera traumatizante.

Muchos no sabemos que es esa necesidad insatisfecha la que ha estado
controlando nuestras vidas.

¿La necesidad?
Ser amados
y aceptados
exactamente como somos.

 Eventualmente nos damos cuenta de que no podemos quedarnos para siempre en el modo "estoy equivocado" o realmente nunca sobreviviremos. Es necesario que se forme una dualidad dentro de la cual opera el " No estoy equivocado. Ellos están equivocados"

Lo triste es que se puede vivir toda la vida tratando de probar que tus padres están equivocados, pero nada, realmente, ha cambiado. Todas esas ideas acerca de ser perfecto, correcto y bueno serían simplemente una reacción al condicionamiento que recibiste de tus padres. No solo perseguirás esas ideas de perfección, sino que eventualmente tendrás que rechazarlas, y tendrás que rechazarlas perfectamente, y pronto te habrás atado en tal nudo que no podrás moverte en ninguna dirección y te quedarás estancado en el odio a ti mismo porque el fondo del asunto es

tú pierdes.

CUENTA DEL ODIO A UNO MISMO:
La regla de "Fondos Insuficientes"

ESTUDIANTE: ¿Por qué nunca siento que he sido suficientemente buena, suficientemente generosa? Intento e intento, pero este pequeño y molesto sentimiento de culpa siempre está aquí.

GUÍA: Buena pregunta. Yo veo esto mucho. Es muy generalizado en la experiencia humana. Estaba hablando de eso hace un rato y di este ejemplo: Vas por la vida y haces lo que se supone que debes hacer. Y cada vez que haces algo que debes hacer pones un dólar en el banco. Está bien. Cada vez que eres noble, paciente, o haces aquello que debes hacer— cualquier cosa que sea (tú sabes cuáles son esas cosas para ti)— cada vez, pones un dólar en el banco, un dólar en el banco, un dólar en el banco...

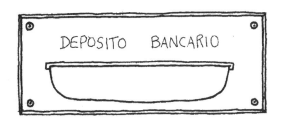

DEPOSITO BANCARIO

¡Y estás trabajando en eso! Te levantas temprano en la mañana haciendo estas cosas hasta tarde en la noche. Todos los días.

Finalmente sientes que estás como agotada. Sientes que necesitas un poco de placer en tu vida, un poco de tiempo en la playa o algo. Y  entonces piensas, "Voy a ir al banco, y voy a sacar algo de dinero, y voy a hacer algo agradable para mí".

Entonces vas al banco y dices, "Aquí estoy. Quiero retirar algo del dinero que ahorré para poder hacer algo agradable para mí".

Y la respuesta es, "Oh no. No has ganado ni cerca de lo suficiente para obtener algo para ti. Oh, tienes que trabajar mucho más. Tienes que poner más, mucho, mucho más dinero antes de que puedas obtener algo para ti". Por supuesto, si te estuvieras entendiendo con el Banco Mundial dirías, "No, esta no es la manera en la que va a funcionar. Este es mi dinero. No puedes decirme cuándo, cómo y dónde puedo gastarlo". Y sin embargo, en el Banco del Odio a ti mismo ¡eso es exactamente lo que te dicen!

Con el odio a ti mismo consigues ganar y ganar sin cesar, y nunca hay reembolso. Piensas que estás ahorrando todos esos puntos y que algún día recibirás algún beneficio de ellos, PERO NUNCA SUCEDERÁ.

ESTUDIANTE: Sí, eso pasa mucho.

GUÍA: Déjame darte otro ejemplo. Decides que vas a correr... Y esta persona te va a ayudar a convertirte en una atleta. Te pones tu pequeño traje y la persona dice, "¿Por qué te pusiste eso? ¡Te ves ridículo en eso! ¿Así es como te vas a vestir?".

Entonces vas y te pones otro traje— te pones varios trajes y finalmente te das por vencida en esa discusión. Nunca te vas a ver lo suficientemente bien para correr entonces decides que de todas maneras lo vas a hacer.

Sales y comienzas a correr, y la persona dice, "¿Llamas a eso correr?
¿Qué te hizo pensar que podrías ser una atleta?".

Ahora, solo quiero darte otra posibilidad, ¿de acuerdo? Qué tal si la persona que está contigo dice, "Corre en lo que quieras. No importa. Te ves bien. Solo sal de ahí y corre. ¡Eso es genial! Vas bien. ¿Cuánto tiempo corriste? ¿Diez minutos? ¡Es maravilloso!".

¡Piensa sobre eso!
¿Cuál persona quiere que corras, y cuál persona quiere que no corras?

¡NO HAY MISTERIO EN ESTO, AMIGOS!

No es difícil identificar cuales personajes están en cual campamento ¡interna o externamente! En el primer ejemplo, la persona en el Banco del Odio a ti mismo ¡NO LE CAES BIEN!

¡Es importante entender eso!

No es que la persona realmente está tratando de conseguir suficiente dinero en el banco para hacer algo especial para ti mismo.

¡NO!
Esa persona
NUNCA
te dará
un centavo!

Te matarás trabajando, y nunca obtendrás nada a cambio.

¡Es muy importante comprender esto!

Si tuvieras una persona
en tu vida
que te tratara de la manera
en la que te tratas a ti misma,

te hubieras deshecho de ella

hace

mucho

tiempo...

ESTUDIANTE: Pensarías eso, ¿o no?

GUÍA: Parece muy claro, pero como esa voz habla desde dentro de nuestra cabeza, estamos, de hecho, dispuestos a perpetuar la ilusión de que esta persona:
– está de nuestro lado
– gusta de nosotros
– tiene algo valioso para decir
– tiene algún mérito en la vida.

¡Pero no es así!

Es digno de lástima.
Es algo patético.

No necesita estar a cargo
de la vida de nadie.

Y así puedes abordarlo con calma y con palabras tranquilizadoras, como lo harías con cualquier persona que sufre.

No dejes que controle tu vida.
No dejes que firme en tu cuenta bancaria.
No dejes que maneje tu agenda.
Ni siquiera dejes que cocine para ti.

¿Me entiendes?

ESTUDIANTE: Te entiendo. A veces no veo esa separación. En estos momentos, aquí en esta sala, lo puedo ver muy claro.

GUÍA: Puedo darte la más simple de todas las reglas de oro: En cualquier momento en que una voz te está hablando sin amor y compasión, ¡no le creas!

Aunque esté hablando de otra persona, no le creas. Aunque esté dirigida a alguien más, es la voz de tu odio a ti misma. Simplemente te está odiando a través de un objeto externo. Puede odiarte directamente diciéndote la persona terrible, podrida que eres, y puede odiarte indirectamente señalando lo que está mal "afuera".

Si la voz no es cariñosa,
no la escuches,
no la sigas,
no le creas.

¡Sin excepciones!

Inclusive si dice que "es por tu propio bien", no lo es. Es por su propio bien, no el tuyo. Esto es lo mismo que cuando los padres te hablan con un odioso tono de voz "por tu propio bien". Es por su propio bien. Les hace sentir bien. No te hace sentir bien. (Y no hace que te comportes "mejor").

Aquí hay algunas cosas extravagantes que sugiero sobre esto. En cualquier momento que escuches la voz del odio a ti misma, haz algo por ti que la vuelva loca.

Cómprate un regalo.
Siéntate y lee por placer.
Toma un largo baño caliente.

ESTUDIANTE: Sea lo que sea que no te permitas hacer.

GUÍA: Sí. Algo que sea relajante e indulgente...

ESTUDIANTE: ...irreflexiva, egoísta...

GUÍA: ¡SÍ! Mientras más, mejor. Puede ser tan simple como ir a caminar en un día agradable. Sólo sigue caminando hasta que la voz se aquiete, hasta que quede claro que ya no tiene el control. Entonces, cuando estés lista, cuando estés presente, regresa a tu vida cotidiana.

CRÍTICA CONSTRUCTIVA: No Requerida

Digamos que sientes que has sido poco amable con alguien.

La voz de la "crítica constructiva" dice suavemente, "Eso fue bastante duro. Eres muy sarcástico. Siempre lo has sido. Mejor cambia tu actitud antes de alejar a todos".

Esta voz se justifica a sí misma diciendo cosas como,

"Sólo estoy tratando de señalar estas cosas para que seas una persona mejor, más amable y más feliz".

La "crítica constructiva" es una estafa
utilizada por personas
que quieren maltratarte.
¡Y quieren hacerte creer
que lo están haciendo
por tu propio bien!

SOSPECHA de cualquier voz, dentro o fuera de ti que diga hay algo mal contigo. Esta voz no gusta de ti y no es útil. Es posible que con la conciencia de que has sido poco amable con alguien te des cuenta, de manera gentil, "Yo no quiero hacer eso. No se siente bien". Y no es que seas mala persona, o que no deberías ser de esa forma; es solo que tú no quieres ser poco amable porque hiere tu corazón.

Cuando estás abierto a esa conciencia,
no necesitarás intentar ser diferente,
puesto que al abordarlo de manera amable
ya habrás cambiado.

55

SABIDURÍA POPULAR QUE APOYA
EL ODIO A TI MISMO

Hay más dicha en dar que en recibir.

No puedes enseñarle a un perro viejo trucos nuevos.

La letra de la canción "Papá Noel Va a Venir al Pueblo".

Obtienes lo que mereces.

Mientras más intentes, mejor te va.

Dos cabezas son mejor que una.

Algunas cosas están destinadas a ser como son.

Si no eres el perro líder, la vista nunca cambia.

Los niños deberían ser vistos y no escuchados.

Haz lo que digo, no lo que hago.

AGREGA LAS TUYAS:

CREENCIAS CONFLICTIVAS
QUE APOYAN EL ODIO A TI MISMO

La paciencia es una virtud.
Actúa mientras la plancha está caliente.

Soy el guardián de mi hermano.
Cuidado con el Número Uno.

No seas ni prestamista, ni prestatario.
La generosidad es una virtud.

Aprovecha el día
Ahorra para los malos tiempos.

Sé realista.
Sé imaginativo.

Exprésate.
Contrólate.

AGREGA LAS TUYAS:

AUTOEVALUACIÓN: Otra Idea Inútil

El Odio a mí mismo está

BOLETÍN DE CALIFICACIONES DE LA VIDA

Actuar correctamente A+

Ser Atento A+

Toma de Decisiones A+

Ser Exitoso A+

Ayudar a Otros A+

Manejo de la Presión D-

ejerciendo una presión increíble sobre mí para ser perfecto, lo cual me hace cometer errores* porque me siento tan estresado, abrumado y miserable.

*De hecho no es posible cometer errores.

INVIRTIENDO EN MISERIA

ESTUDIANTE: Estoy consciente de que tiendo a enfocarme en el castigo y no noto la recompensa. Parece que creo que el castigo funciona y la recompense no. Me pregunto qué consigo teniendo esta creencia.

GUÍA: Si tú crees que el castigo funciona entonces tiene sentido que hagas muchas cosas que consideras erradas para que puedas ser amonestado con frecuencia y así la vida "funcionará" de acuerdo con tus creencias.

ESTUDIANTE: Parece que tengo una inversión en miseria.

GUÍA: Ten presente que egocentrismo, odio a ti mismo, y miseria son sinónimos. Ser miserable es ser el centro del universo. Ahora agreguemos el ingrediente de sentirse inocente y aun así castigado. "Pude haber hecho algo malo, pero no fue TAN malo. Ciertamente ¡no merezco ESTO!"

¿No es eso perfecto? Inclusive usamos nuestros errores en nuestro beneficio. He hecho algo malo,

pero le he dado la vuelta para ser la víctima y debería ser recompensado. Y el egocentrismo está usualmente ahí presente con sugerencias que puedan arreglar esta injusticia.

Cosas como:
  Helado
  No regresar una billetera que te encuentras
  Conducir de manera descortés
  Chismosear
  Tener un amorío con la pareja de otro.

"Después de todo, la vida me debe algo por esta injusticia".

SISTEMA DE CONTABILIDAD
DEL ODIO A UNO MISMO

En el sistema de contabilidad del odio a uno mismo:
— Agrego todo lo que hago. Resto todo lo que los demás no hacen.
— Agrego todo lo que los demás obtienen. Resto todo lo que yo no obtengo.
— Agrego toda la suerte que los demás tienen. Resto la suerte que no tengo.
— Agrego todas las ventajas que los demás han tenido. Resto las ventajas que no tuve.

Captas la idea.

Estoy tan dentro de este hueco porque todo lo que hago son buenas cosas y todo lo que obtengo son malas cosas.

Entonces... ¿Cómo no voy a sentirme víctima? Y ¿Por qué no debería intentar igualar el puntaje?

Y, por supuesto, lo que fallamos en ver es que casi todos se ven a sí mismos como víctimas y a los otros como victimarios, por consiguiente, la gente se continúa victimizando unos a otros.

¿Quién finalmente dejará de hacerlo?

EL ODIO A UNO MISMO Y EL CICLO DEL MALTRATO

En las relaciones adultas, las tensiones de la vida pueden conducir a un compañero a convertirse física o verbalmente en abusivo hacia el otro. Esto puede resultar en un patrón cíclico de comportamiento que incluye los siguientes elementos: aumento de estrés, abuso, arrepentimiento, y una decisión de "ser perfecto".

Con frecuencia pensamos que el ciclo del maltrato se da entre un hombre y una mujer, pero puede suceder entre dos o más personas. En la forma de odio a uno mismo, se requiere solo a sí mismo.

En la clásica situación, un hombre y una mujer se unen porque quieren mejorar sus vidas. Él cuidará de ella, y ella será un apoyo para que él pueda cuidar de ella.

Después de un tiempo, deja de funcionar. Las tensiones de la vida lo presionan a un punto de crisis y descarga toda su frustración pegándole a ella. Luego él se siente bien.

Porque su estrés está aliviado, pero se siente mal porque golpeó a su esposa.

Ella se siente bien porque ha sido castigada por decepcionarlo, pero se siente mal porque su esposo acaba de golpearla.

Después ellos se reúnen y deciden que eso tan horrible nunca deberá volver a suceder, y luego los dos se sienten mejor.

Tienen un plan. Está bajo control. "No volveremos a cometer este error otra vez. Seremos mejores. Seremos perfectos".

Y el estrés comienza a incrementar nuevamente...

Comportamientos adictivos— sean comida, alcohol, drogas, sexo, fumar, trabajar, relaciones— siguen el mismo ciclo.

POR EJEMPLO:

El estrés de la vida comienza a acumularse, y busco la adicción de mi preferencia. Si es comida, me dirijo a la cocina y como en mi recorrido de un extremo al otro.

Me siento bien porque el estrés ha sido aliviado. Me he como anestesiado, y el antojo ha sido calmado. ¡Pero me siento TERRIBLE porque me he comido una tonelada!

Así es que me someto a los golpes del odio a mí mismo
hasta que me convenzo
de que lo tengo bajo control.

Veo lo que pasó.
No volverá a suceder.
Lo tengo programado.
Lo he comprendido esta vez.
Voy a mejorar.
De hecho, seré perfecto.

Y el estrés
comienza a acumularse. . .

El Ciclo del Maltrato

— La recarga de estrés lleva a conductas de adaptación. Algunos ejemplos de conductas de adaptación incluyen maltratar a otra persona o ser maltratado, comer demasiado, beber demasiado alcohol y consumir drogas.

— Participar en conductas de adaptación lleva tanto a sentirse mejor como a sentirse peor. La persona se siente mejor porque se alivia el estrés original. La persona se siente peor porque ha abusado de alguien, ha bebido demasiado, etc.

— Sentirse peor por recurrir a conductas de adaptación conduce a la decisión de hacerlo mejor en el futuro; de hecho, lleva a la decisión de ser perfecto.

— Tratar de ser perfecto crea tanto estrés que el ciclo de golpes comienza de nuevo.

— Este ciclo puede darse entre dos o más personas. También puede ocurrir dentro de nosotros (entre dos partes o subpersonalidades). Adoptar la creencia de que debes ser perfecto, es el perfecto escenario para el odio a uno mismo.

Crees que tus opciones son ser perfecto o ser un fracaso.

PERO EL ODIO A UNO MISMO PONE EL ESTÁNDAR DE PERFECCIÓN,
y puedes apostar que nunca
vas a alcanzar ese estándar.

Si lo hiciste, si alcanzaste ese estándar, ¿con qué te golpearía el odio a ti mismo? ¿Con qué te asustaría? Y si no estuvieras asustado, ¿cómo estarías controlado?

El odio a ti mismo te haría creer que, o está en control, haciéndote ser quien y como deberías ser o, que no sólo serás imperfecto,
sino que serás basura.

Te ha convencido de que si fueras exactamente como eres serías horrible.

Entonces, la
GRAN, FEA MENTIRA
Se convierte en una
GRAN, HORRIBLE CREENCIA:

Odio a ti mismo,
 juicio,
  culpa,
   castigo
   y rechazo
son por tu beneficio porque ellas son las únicas
cosas que te evitan ser

UNA PERSONA TERRIBLE.
(¿Nos hemos dado a entender?)

¿Podrías, por favor, arriesgarte y descubrir de una
vez por todas cómo eres SIN las golpizas y el
abuso?

LA PRÁCTICA ESPIRITUAL NO EMPIEZA HASTA QUE TERMINEN LAS GOLPIZAS.

Estoy sugiriendo que dejes las golpizas. Muchos maestros espirituales sugieren que el odio no es la respuesta. Hablan sobre el amor, el perdón, la generosidad y la gratitud. Difícilmente hablan de azotar a la gente y odiar a la gente y este tipo de cosas. Ellos dicen, "Ahora, amigos, esta es la dirección. Este es el camino a seguir. Si realmente quieres despertar y terminar con tu sufrimiento y encontrar felicidad, paz y dicha, esta es la manera de hacerlo". Y la respuesta es, "No, no creo. No voy a hacerlo".

Entonces, este es el asunto. Digamos que si, por ejemplo, encontraras la voluntad de parar las golpizas solo por un día, y si te convirtieras en una persona aún más horrible de lo que ya eres, al día siguiente podrías golpearte el doble y ponerte al día. Solo estoy sugiriendo que podrías considerar tomar el riesgo.

GUÍA: Se requiere una enorme cantidad de valor para parar las golpizas.

Sospecho que no es porque realmente pensamos que seríamos malos si paráramos las golpizas. Sospecho que es porque no queremos enfrentarnos a lo que el condicionamiento kármico egocéntrico/odio a mí mismo nos haría si comenzamos a tomar control de nuestras vidas.

Si decides que ya no vas a ser intimidado por las golpizas del condicionamiento kármico egocéntrico , te encontrarás de inmediato involucrado en una lucha a vida o muerte, porque en el momento en que la "vara" es removida... ¡Piénsalo! Si no eres amenazado con castigos, ¿qué te motivará a tener éxito? ¿A hacer esas llamadas telefónicas? ¿A hacer esa lista? ¿A hacer lo que está en la lista? Y ¿qué pasará si no haces las cosas que se supone que deberías hacer?

VARIOS ESTUDIANTES: "Mi vida se iría por un tubo". "Sería acusado de ser irresponsable". "Perderé esa imagen que tengo de mí misma". "La gente me verá como soy". "Me sentiré culpable".

GUÍA: Las cosas se pondrían tan mal que te morirías.

ESTUDIANTE: Creo que eso es lo que eventualmente pasaría. Si no hago mi trabajo, y no gano dinero, entonces no podré pagar mi casa, y no tendré comida. Y si sigo así por tiempo suficiente, me doy cuenta de que todas esas cosas en la lista están designadas a mantenerme vivo. Y si no las hago, la última consecuencia es la muerte.

GUÍA: Y eso es lo que pasa, ¿no es así? Haz esta tarea o muere. (Risa). Incluso si sea hacerse un corte de cabello hoy. ¿Qué pasaría si te das cuenta de que la voz no tiene ningún poder sobre ti? ¿Qué pasaría si no creyeras que fueras a morir si no hicieras lo que te dijo que hicieras?

ESTUDIANTE: Bien, creo que haría lo siguiente en la lista. La creencia es que necesito las golpizas. Necesito el miedo a la muerte para hacer todas estas cosas. Creo que esa es la motivación que me hace continuar y me mantiene trabajando y haciendo cosas.

GUÍA: Entonces, ¿qué te pasaría si dejas de creer en las voces de odio a ti mismo? ¿Qué te pasaría si dejas las golpizas?

OTRO ESTUDIANTE: Encuentro que mis peores golpizas no son acerca de la lista de cosas por hacer. Son acerca del comportamiento, cosas psicológicas y formas emocionales que he aprendido de cómo supuestamente debo ser, como si ellas fueran las leyes del universo. Debo ser educado en estas circunstancias. Debo ser amable o inteligente o lo que sea.

GUÍA: Y, llegas a casa después de una salida nocturna durante la cual has dicho algo infortunado. ¿Qué pasaría si no respondes a eso con odio a ti mismo?

ESTUDIANTE: Bueno, lo he intentado. He tenido algo de éxito, y parece requerir de una excelente conciencia energética cada segundo. Toma una enorme cantidad de presencia. Y se necesita valor porque se siente mucho como que regañarme a mí mismo por lo que he hecho es un acto de "buena persona".

GUÍA: Sin embargo, lo que estás describiendo no es regañar.

ESTUDIANTE: Es peor que eso.

GUÍA: Es abuso. Eso es lo que realmente estás describiendo. Entonces, un acto de "Buena persona" es ser abusivo. Bien raro, ¿no?

ESTUDIANTE: Parece haber un elemento de no tener control y/o renunciar al control. Si no me golpeo, hay un sentimiento de expansión, y al mismo tiempo un miedo a esa expansión. Parte de mí quiere más que nada no estar en control, solo vivir el momento, seguir el flujo del proceso. Otra parte se azota desesperadamente para controlar, quiere saber qué va a pasar, quiere gustarle lo que pasa, para influenciar lo que pasa. Pero la que más se manifiesta en mí es esta que está aterrorizada.

GUÍA: Pero no aterrorizada del abuso, está bien con el abuso, pero está aterrorizada por la falta de él, de la expansión.

ESTUDIANTE: Sí. No azotarme crea una rara e incómoda sensación de libertad, total libertad.

GUÍA: Libertad y expansión, eso es lo que hay ahí. Es también una pérdida de identidad porque la identidad está sostenida a través de esta locura que estamos describiendo. Eso es lo que me mantiene en el centro del universo. Eso es lo que mantiene todo funcionando. Si aprendo a prestar atención, a estar presente en el momento, puedo ver todo esto ocurriendo.

MEDITACIÓN: SIENTE LA QUEMADURA

Si practico meditación, estoy creciendo diariamente, uno espera, acostumbrada a la expansión, a una sensación de libertad. Estoy practicando regresar al presente, al centro. Me distraigo, lo dejo, regreso. Me distraigo... lo dejo... regreso. Una y otra vez y me doy cuenta de que nada sale mal; nada me pasa. Estoy perfectamente bien.

Si alguna vez vas a ser libre, debes estar dispuesto a demostrarte a ti mismo que tu naturaleza inherente es bondad, que cuando dejas de hacer todo lo demás, bondad es lo que queda. Nunca vas a demostrar esto a ti mismo mientras sigas con las golpizas, mientras sigas creyendo que para ser una buena persona necesitas las golpizas. **En algún momento, si vas a buscar la práctica espiritual sinceramente, debes encontrar el valor de parar las golpizas por un tiempo suficiente para darte cuenta de que quien tú eres es bondad.**

Es por esto que tenemos una práctica de meditación: para aprender a quedarnos quietos con todo lo que nos está pasando. **No hay nada en esto. Solo son cosas.** Es sólo a lo que nos hemos enganchado con lo que nos identificamos, a lo que nos aferramos para poder mantener la ilusión de nosotros mismos como seres separados; es todo ese enredo a lo que estamos condicionados a hacer. Algo sale mal, alguien nos desaprueba, o nos desaprobamos a nosotros mismos, y vamos a toda marcha a tratar de arreglarlo para que podamos tener todo en orden nuevamente.

Cuando nos quedamos quietos en meditación, no nos rascamos si algo nos pica. Ahora, esto vuelve a la gente loca. He tenido gente que dice, "Esto es demente. ¿Cómo es posible que no rascarse cuando tienes ganas tenga algo que ver con la práctica espiritual?". Tiene totalmente todo que ver con la práctica spiritual porque es esa reacción "pica, debo rascar" la que está en la raíz de mucho de nuestro sufrimiento.

Pero tú simplemente puedes notar que pica (ah, pica) y no sentir la necesidad de tener que hacer algo al respecto.

Te puedes dar cuenta de que tienes una reacción condicionada a una sensación. No tienes que tomarlo a pecho. No tienes que reaccionar ante ella.

Si aprendes una vez que no tienes que reaccionar de esa manera, te liberas de ella. Te demuestras a ti mismo que no vas a morir y no vas a volverte loco y partes de tu cuerpo no se van a caer. Puedes estar ahí y estar perfectamente bien. Entonces si algo duele puedes quedarte ahí aún con el dolor. Solo se vuelve interesante. Ya no te estás resistiendo. Es fascinante ver cómo duele ahí y muy pronto duele aquí y después no duele más.

Y entonces piensas, "Sabes, mi pierna me estaba doliendo". Estás sentado ahí silenciosamente, inhalando, exhalando, y esta pequeña voz te dice, "¿no te estaba doliendo la pierna hace un momento?". De repente, tienes dolor otra vez. Entonces aprendemos a permanecer sentados silenciosamente con eso.

Tal vez estás obsesionado con algo. La voz dice, "Sabes, no puedo sentarme aquí. No soporto esto. Tengo que levantarme y..." Y tú solo te sientas ahí. No reaccionas a eso. O tal vez te interesas en la obsesión misma. (¿Qué es obsesión? ¿Cómo hago eso? ¿Cuál es la ganancia por obsesionarse?) Rápidamente pierdes interés en eso. Te aburres con eso porque no te está obligando a hacer nada.

Entonces, tal vez diriges tu atención al aburrimiento (¿Qué es aburrimiento? ¿Cómo hago eso? ¿Cuál es la ganancia de estar aburrido?)... y solo te quedas ahí.

Eventualmente, todo comienza a calmarse.

De la misma manera, cuando algo pasa en la vida, no vuelves a creer que tienes que reaccionar ante eso. Has permanecido quieto a lo largo de muchos "no puedo soportar eso", "emergencias", y "situaciones de vida y muerte", que ya no las crees. Al no reaccionar, la energía misma, la fuerza, la fuerza kármica condicionada que está detrás de ellos, comienza a tener que alimentarse de sí misma. Ya no se alimenta de ti porque ya no estás participando en ello. No tiene combustible. Y, eventualmente, simplemente se desvanece por sí misma.

AMOR INCONDICIONAL

ESTUDIANTE: Ayer estaba pensando que si voy a aprender a amarme a mí misma, necesito aprender a amarme a mí misma tal como soy. Se me vino a la mente que, aunque tenga sobrepeso, necesito estar agradecida por esta oportunidad de amarme. Me reconforta pensar que soy de esta manera por una razón y que esa razón podría ser aprender a amarme.

GUÍA: Sí. Así perdieras peso y tuvieras un "cuerpo perfecto", pero no hubieras aprendido a amarte, ¿dónde estarías?

ESTUDIANTE: Estaría todavía intentando mejorarme, para arreglar las cosas que creo que están mal.

GUÍA: Y todo lo que habrías logrado es convertirte en lo suficientemente aceptable para poder amarte condicionalmente, lo cual es donde todos estamos. Siempre y cuando lo hagas bien, luzcas de cierta manera, actúes de la manera en que deberías, logres ciertas cosas, serás amada.

Pero ¿puedes ser amada sin alcanzar los estándares?

¿Puedes amar a esta persona que no logra los estándares que te enseñaron que debes lograr para poder ser amada?

¿Puedes dejar de tratar de cambiar a quién deseas que fueras el tiempo suficiente para descubrir quién eres en realidad?

Nunca mejorarás lo suficiente para alcanzar tus estándares. El condicionamiento kármico egocéntrico se encargará de eso. Pero en el momento en que te amas incondicionalmente, estás completamente cambiada.

No querer
ser como eres
es uno de los aspectos
más significativos
del odio a ti mismo.

Nos han enseñado a creer que no está bien sentir lo que sentimos o pensar lo que pensamos o tener las experiencias que tenemos. Cuando niños, la gente no gustó de nosotros cuando hicimos eso, entonces intentaron cambiarnos. Hemos internalizado eso y hemos asimilado ese sistema dentro de nosotros. Entonces ahora estamos tratando de cambiar todo lo que no aprobamos.

En aceptación, no queremos cambiar esas cosas en nosotros. Es solo en la no aceptación donde tenemos la esperanza de que aceptación signifique que ellos cambien.

Podemos tener
el amplio espectro de la experiencia
que es nuestro potencial,
y podemos disfrutarlo todo.

Si avanzamos a través y aún más allá del condicionamiento para cambiar, entonces todo está a nuestra disposición. Por ejemplo, si eres miserable, infeliz no hay realmente nada malo en eso, pero si odias ser miserable, entonces es un infierno. Si eres miserable y no lo odias, probablemente lo superarás rápidamente.

Las experiencias se superan rápidamente cuando estamos presentes y no nos resistimos. Es cuando dejamos de estar presentes y nos estancamos en algo que las perpetuamos eternamente.

Nunca vamos a "asimilar" algo— una filosofía, una fórmula, un punto de vista específico— que nos hará diferentes por siempre.

No hay ningún secreto que pueda arreglarte.
(Recuerda, no hay nada mal contigo).

Este es un proceso para toda la vida. Si decides aprender a cuidar de ti, vivir tu vida en compasión, se te requerirá practicarlo hasta que mueras.

Una relación interna debe ser trabajada y mantenida como una relación externa.

¡Y esas son buenas noticias! Cuando te enamoras de alguien, no dices, "oh, no, ¿Por cuánto tiempo voy a tener que amar a esta persona?". Cuando estamos enamorados, nos encanta amar a esa persona, y esperamos que dure para siempre.

Cuando no te odies a ti mismo, no estarás
crónicamente retrasado,
crónicamente temprano, no procrastinarás,
no trabajarás compulsivamente,
no abusarás de sustancias,
no te abstendrás,
no te sentirás deprimido,
no tratarás de ser perfecto,
no te preocuparás mucho,
no te preocuparás por preocuparte mucho,
no dependerás de la aprobación de otros,
no creerás en El Juez,
rechazarás al Juez,
no te castigarás,
no te excederás,
no dejarás pasar oportunidades,
no tendrás miedo de ti mismo,
no tratarás de mejorarte,
no tratarás de mejorar a otros ...

AGREGA LAS TUYAS:

Somos responsables
de ser
la persona que siempre hemos
deseado encontrar.

Debemos convertirnos en nuestro mejor amigo.
Debemos aprender
a dar y recibir de nosotros
mismos amor incondicional y aceptación.

No es egoísmo.
Es el primer
PASO GIGANTE
hacia el desapego del yo.

Le decimos egoísta
a la gente cando ellos NO DAN.
Pero NO PUEDEN dar lo que NO TIENEN.

Es como pedirle a un niño / una niña hambrientos
que compartan su comida, y luego hacerles sentir
culpables por no querer hacerlo.

Cuando tenemos lo suficiente, estamos ansiosos
por compartir. *

*Lo que <u>tenemos</u> y lo que podemos <u>recibir</u> son dos cosas muy
diferentes.

AQUELLOS QUE SE SIENTEN
COMPLETAMENTE AMADOS
NO SON EGOÍSTAS,
SON AMOROSOS.

Nada Que Hacer

Lo que estamos viendo aquí es cómo las capas del odio a uno mismo nos alejan de experimentar nuestra iluminación intrínseca, inherente. Es una cuestión sencilla darnos cuenta de lo que ya es. No es necesario que hagamos algo.
Lo que buscamos está a nuestra disposición cuando dejamos de HACER todo lo demás.

No tenemos que cambiar.
No tenemos que arreglarnos.
No tenemos que mejorarnos.
No tenemos que hacerlo bien.

No tiene nada que ver con eso. En eso es en lo que nos enfocamos en lugar de simplemente estar aquí. Es por eso que los autocastigos son tan importantes para nosotros. Son probablemente el único y más eficaz método de evitar despertar. Es por eso que tenemos tanta resistencia a la aceptación, porque en la aceptación no hay nada que hacer.

No tenemos que HACER nada.

Sentarse quieto
en aceptación compasiva
es todo que se requiere.

Dentro de cada uno de nosotros hay un niño / una niña pequeños a quien le hicieron creer que cosas malas pasan, o pasarán porque él / ella es malo.

Como adultos, cuando nos damos cuenta de la existencia de este niño, nos entristecemos y sentimos la tristeza del niño / la niña. Estamos condicionados a SUPRIMIR la tristeza, para alejarnos de la experiencia.

El niño / la niña no necesita que hagamos eso. Él / ella necesita saber profundamente que está absolutamente bien tener esa experiencia. El niño / la niña necesita la total aceptación de ser quien es en cada momento. Y nosotros, como adultos, también lo necesitamos. Eso fue lo que no recibimos cuando éramos pequeños— aceptación por ser lo que somos en cualquier momento.

La única respuesta es compasión. Tratar de SUPRIMIR, ARREGLAR o CAMBIAR es parte del proceso del odio a ti mismo. Solo quédate con la experiencia y

REALMENTE ENTIÉNDELA,

que es <u>triste</u>,
no está mal,
es simplemente difícil,
es difícil ser un ser.

¿Cómo no podemos sentir compasión?

Por supuesto el condicionamiento kármico egocéntrico entrará ahí y dirá "Ya basta de esta tristeza. Vamos a HACER algo al respecto".

Ese HACER nos llevará al fondo de la olla. Me imagino un guiso de odio a ti mismo en una olla grande, cuando casi has logrado treparte al borde de la olla, te tropiezas con algo que te vuelve a tirar adentro.

Usualmente este "algo" es: tratar de cambiar lo que estás experimentando. Autocriticarte, juzgar a alguien, pensar que necesitas cambiar algo, arreglar algo, HACER algo— y estás de vuelta al fondo de la olla del odio a ti mismo,

nuevamente.

Gratitud

Si encuentras difícil atrapar los procesos más sutiles del odio a ti mismo en acción, sería beneficioso sentarte a meditar. Una de las maneras en que podemos ver el odio a ti mismo en la práctica de la meditación es así:

Estás sentado ahí,
solo respirando,
prestando atención,
en silencio,
quieto.

Comienzas a darte cuenta de que, aunque todo lo que estás haciendo es estar ahí sentado respirando silenciosamente,

algo está constantemente escaneando,

tratando de encontrar aquello que te sacará de la concentración.

Dice cosas como:

La pasamos muy bien ayer.

Esto es aburrido y tengo tanto que hacer.

¿Dónde está mi celular? ¿Lo perdí?

Esto continúa hasta que algo te engancha y tu atención divaga. Pronto te das cuenta de que has estado soñando despierto/fantaseando/preocupándote/resolviendo problemas, y regresas tu atención a la respiración.

Nuevamente tu atención divaga. Lo notas y vuelves a la respiración. No pierdas tu tiempo y energía autocastigándote por haber divagado.

Solo siéntate calladamente en gratitud por haber regresado.

El Gran Talento Del Odio a ti Mismo

El más grande talento del odio a ti mismo es su auto mantenimiento. Conduce una campaña permanente, meticulosa, profunda, agresiva, a veces ruidosa y a veces silenciosa, a veces sutil para mantenernos atrapados.

Se justificaría a sí mismo diciendo que nos ayuda a sobrevivir. Eso es un engaño.

No necesitamos golpear, castigar, disciplinar, reprender, regañar, y subestimarnos y nunca lo hicimos.

LO IRÓNICO ES QUE CASTIGARNOS A NOSOTROS MISMOS ES LO QUE NOS IMPIDE VER QUE NO TENEMOS NECESIDAD DE HACERLO.

Si alguna vez llegamos a ser conscientes y a estar lo suficientemente dispuestos a romper el ciclo interno del maltrato y a NO DEJARNOS LLEVAR POR ÉL, empezaremos a ver cómo es esto. Requiere valor, paciencia y fe en nuestra bondad inherente.

LAS COSAS DOLOROSAS SURGEN NO
PARA ARRUINAR NUESTRAS VIDAS, NO
PARA HACERNOS MISERABLES, NO PARA
DAÑAR NUESTRO BUEN MOMENTO, ELLAS
SURGEN PARA SER SANADAS,
ACOGIDAS CON COMPASIÓN.

Con frecuencia deseamos que nuestro sistema de supervivencia infantil desapareciera, pero una vez que lo hemos aceptado, una vez que nos hemos dado cuenta de cuánto ha hecho por nosotros y de cuánto hemos aprendido de él, nos sentimos agradecidos de que haya mantenido el clamor. ¡Y ahora podemos alegrarnos de que se vaya!

Odio a ti mismo es

comprar un auto nuevo
y no cuidarlo. *

* "No cuidarlo" es no cuidar de ti mismo.

Odio a ti mismo es

comerme el postre que deseo

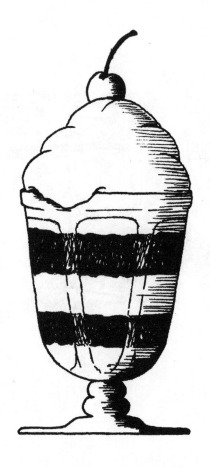

y sentirme culpable todo el tiempo.

ESTUDIANTE: Camino hacia acá hoy, una voz decía "Nadie quiere escuchar lo que tienes que decir". Por supuesto nadie, incluyéndome, sabía lo que iba a decir, pero eso no detuvo a esa voz. Ahora que estoy aquí y que no he dicho nada, la voz está diciendo "No estás participando. Deberías estar hablando".

GUÍA: Entonces, lo que estás haciendo está mal; lo que hayas hecho estuvo mal; y lo que sea que hagas estará mal.

Usar un sistema así para sentirnos seguros, es lo mismo que la cura sea peor que la enfermedad.

Odio a ti mismo es
torturarme a mí mismo con el "no es justo".

Miro la cantidad de trabajo que hago comparado con el de mis colegas y digo, "Debería ganar más dinero. No es justo". Pero me pagan por el trabajo que estoy haciendo, y si no estuviera torturándome a mí mismo con imparcialidad no estaría sufriendo. Al contrario, estoy estancado en este sentimiento que merezco más dinero, más de la vida de lo que estoy obteniendo.

Para agravar este desastre del odio a ti mismo, estoy paralizado porque tengo miedo de pedir más dinero, miedo de crear conflicto, y me odio por tener miedo.

Odio a ti mismo y Adicción

Los comportamientos
de supervivencia del odio a ti mismo
te hacen sentir mejor y
te hacen sentir peor
al mismo tiempo.

Todas las grandes adicciones son así.

El odio a ti mismo es
LA MAXIMA ADICCIÓN.

GUÍA: El odio a ti misma es una adicción y la mayoría de ello es satisfecho a través de otras adicciones.

Estaba hablando anoche con alguien que había estado sobria por cuatro años y medio y había salido y se había tomado un trago. Le dije que cuando ella ya no se odie a sí misma, no necesitará hacer eso. Cuando no te odias a ti misma, no te quieres maltratar. Es tan simple como eso.

Con una adicción como el alcohol, tiene que llegar el momento en que te sientas a la mesa de la cocina con una botella frente a ti, y te sientas ahí hasta que sabes que no vas a tomar. Como en la película High Noon, tienes que salir y enfrentar al Chico Malo. Puedes tener suerte, o puede que no, pero tienes que salir para la confrontación o muy pronto los chicos malos van a gobernar el pueblo. No puedes esperar que el odio a ti misma se canse de lastimarte y desaparezca. Como el chantaje, una vez la extorsión empieza, te hará sangrar por todo lo que tienes y luego se va cuando estés muerta. No va a quitarte tu último centavo y después irse; esto no va a cerrar el grifo, está rompiendo toda la plomería.

Entonces, ¿quieres tomar el riesgo con una confrontación, o quieres una muerte lenta y prolongada? Con la primera opción tienes 50/50 de oportunidad; con la segunda, no tienes ninguna. Para seguir con esta analogía/parábola/elogio... de hecho tú puedes tener mucho más que el 50/50 de oportunidad, porque tan pronto te amarras el cinturón y te ajustas tu revólver de seis tiros y empezar a caminar por la calle principal al mediodía, el Chico Malo no va a aparecer.

ESTUDIANTE: De acuerdo. Nada se sostiene bajo escrutinio. De hecho, nada aparece cuando está bajo escrutinio.

GUÍA: Pero si estás temblando en la clandestinidad, nunca llegarás a la Calle Principal. Como Franklin Delano Roosevelt dijo, "No tenemos que tenerle miedo a nada sino al miedo mismo". Tenemos tanto miedo de tener miedo, tenemos tanto miedo a ser insuficientes, que no nos podemos probar que no lo somos. El/Ella que proyecta esa ineficiencia— en una de nuestras anteriores escenas— dice cosas como, "¿crees que vas a ser una atleta?". Es una situación distinta entonces a veces es difícil ver que viene de la misma fuente.

Pero ¿quién está interesada en tener miedo? ¿En mantener una ilusión de insuficiencia? ¿Quiere la gente que te ama que sientas miedo? ¿Quiere que te sientas insuficiente, sin valor e indigna?

No, para nada.

Una vez que entendemos que el miedo es un proceso, podemos manejarlo. Y no hay nada que nos vaya a empujar más rápido hacia esto que la confrontación del odio a ti misma en la forma que he descrito, porque el terror surgirá. Cada vez que una voz odiosa aparece y comienza a decirte algo, sólo siéntate en el sofá y lee un libro, o sal y mira las flores, o almuerza fuera, o ve al cine.

ESTUDIANTE: ¿Entonces el terror surge?

GUÍA: Sí. Al odio a ti misma le aterroriza a que túhagas un hábito de ser amable contigo misma.

Para mí se resume a esto: ninguno de mis héroes (y todos mis héroes son de tipo religioso) dice, "lo importante en el universo es ser uno con el temor y la insuficiencia". ¿Está bien? Nadie ha definido nunca a Dios como "temor e insuficiencia" y luego dijo que es eso por lo que debes esmerarte. Por lo tanto, si voy a mantener la Verdadera Naturaleza, la Naturaleza de Buda, Dios como el más grandioso valor de la vida y después, dependiendo del momento, escojo lo contrario a eso, ¿qué estoy haciendo? Este es el tema espiritual fundamental. ¿Cómo puedo ir más allá de este miedo para poder escoger sabiduría, amor y compasión?

ESTUDIANTE: Sí, ¿cómo se llega más allá de eso?

GUÍA: Para mí, yo vuelvo a "poner la botella en la mesa". Tengo momentos en la vida para sentarme en mi cojín y aferrarme a él porque esa es la única manera en que puedo evitar los gritos, el suicidio o la locura, a medida que cada parte de mi condicionamiento sale de dentro de mí y dice lo que dice.

San Juan de la Cruz habló acerca de la noche oscura del alma, y para mí esto es exactamente a lo que él se refería. Su imagen de ello fue la de Dios y el demonio luchando por tu alma inmortal. Y ¿no es así como se siente? Y, ¿no parece, la mayoría del tiempo, que el demonio está ganando?

ESTUDIANTE: Sí. ¡Podría parecer que estoy del lado del demonio!

GUÍA: Sí, y para mí— y es aquí donde me alejo de la mayoría del resto del mundo— realmente no creo por un minuto que hay algo más importante que aquello que estoy buscando. **¡No creo que haya algo más importante!** No creo que el dinero sea más importante, no creo que la seguridad sea más importante, o una buena reputación, o ser popular, o caerle bien a la gente o cualquier otra cosa. No creo que haya algo más importante que mi Verdadera Naturaleza. Luego, si algo se está entrometiendo entre eso y yo, voy a sentarme hasta que ya no lo esté. Simplemente me voy a sentar y quedarme quieta y seguir regresando a lo que sé que es cierto hasta que no haya nada entre esa verdad y yo. Sé cuándo es así. Todos sabemos cuándo es así. Todos conocemos ese momento de ser uno con nuestra Verdadera Naturaleza, la paz, la dicha, la comodidad. Sabemos cuándo está ahí, y sabemos cuándo no está.

Es como la discordia en una relación con alguien a quien amo. Voy a dirigir mi atención a ello hasta que la falta de armonía se haya ido y la paz, la dicha y la comodidad estén de vuelta. No digo, "Le echaré un vistazo a esto luego". ¡Quiero echarle un vistazo AHORA! No quiero ver otra cosa diferente hasta que esté resuelta, y sé que la solución está aquí (apunta al corazón). Entonces es necesario permanecer en silencio con eso.

El odio a ti mismo es como la arena movediza.

Todo lo que hagas para salir de ella
causa que te hundas más.

En cada lugar que pises
para tratar de evadir el lugar en el que estás,
también te arrastra hacia abajo.

En la arena movediza, si dejas de luchar, te
hundirás más lentamente.

En el odio a ti mismo, cuando dejas de luchar
(cuando aceptas), eres libre.

COMPASIÓN, SIN IMPORTAR QUÉ

ESTUDIANTE: Este es un patrón de odio a mí mismo que he identificado. Últimamente, he tratado de decir, "está bien, tengo esta necesidad y voy a hacerme valer esta vez. Voy a pedir lo que quiero". Entonces lo hago, y el peor de mis miedos se hace realidad. A la gente no le gusta lo que dije o hice. Mi necesidad es rechazada. Entonces entra el odio a mí mismo y dice, "¡Te lo advertí!" Pero entonces otra voz que no había sido posible para mi escuchar antes dice, "Pero lo hiciste. Eso es lo importante en este momento. No importa lo que pase después, lo hiciste".

GUÍA: Sí, vemos los patrones de odio a uno mismo y aprendemos a no creer en esas voces. Ellas no se van a detener, van a seguir. Y van a llegar a un nivel hasta ahora inimaginable, porque cuando empiezas a romper estas cosas, eso escalará. Cuando comienzas a quitar las bases del egocentrismo, va a traer todo lo que tiene en el mundo para defenderse.

Podemos contar con eso. Es cuando las cosas son más difíciles para nosotros y la compasión más necesaria que el odio a ti mismo se hace más fuerte.

Porque si pudieras tener compasión
por ti mismo en un momento
en el que realmente lo necesitas,
¿puedes imaginar cómo
el sistema de odio a ti mismo
se comenzaría a estremecer y a derrumbar?

No podrías tener muchas de esas experiencias sin comenzar a preguntarte si todo este odio a ti mismo está de hecho logrando lo que dice que intenta lograr.

Por eso la respuesta es <u>compasión,</u>
<u>sin importar qué.</u>

Ahora, lo que decimos es que podemos tener compasión siempre y cuando no sea Algo Realmente Terrible lo que hayamos hecho. ¡Pero es ahí cuando más necesitamos compasión!

ESTUDIANTE: Entonces, si realmente lo has arruinado, has hecho lo peor, y todas esas voces de odio a ti mismo aparecen, entonces ¿la compasión necesita aceptar inclusive esas voces?

GUÍA: Cuando dejamos de ver a las voces odiosas como poderosas y las vemos en cambio como patéticas, como perdidas, heridas y mal aconsejadas, ¿cómo podríamos no tener compasión?

Voluntad Es la Clave

ESTUDIANTE: Algo que ha hecho la diferencia para mí en entender la aceptación es haberme dado cuenta de que las cosas no tienen que cambiar para que las acepte. Si algo está sucediendo, todo lo que tengo que hacer es estar dispuesta a reconocerlo, y eso es aceptarlo. No es si mi aceptación o no aceptación puede cambiar si sucede o no. Ya está sucediendo, y todo lo que puedo hacer es reconocerlo.

GUÍA: No puedo hacer que esto suceda, pero puedo estar presente y estar disponible. Para mí eso es la práctica de sentarse— constantemente estar dispuesta a estar presente y estar disponible. Es como tener nuestras manos abiertas para recibir. No hay garantía que vas a obtener algo, pero si alguien quiere darte algo, tú estás lista.

ESTUDIANTE: No diría que soy consistente o disciplinada para sentarme. Pero al estar consistentemente dispuesta a ver las cosas y a usar el mundo como un espejo en el cual puedo ver mis propias proyecciones, puedo reconocer que hay partes de mí que no me gustan y a las que les temo.

GUÍA: Ese es el meollo de todo el asunto porque la base de nuestra práctica es terminar el sufrimiento, y a cada momento tenemos la oportunidad de ver lo que en nosotros está sufriendo. Podemos preguntar, "¿Qué está por fuera del alcance de la compasión? ¿Qué no ha sanado?". Y podemos traerlo bajo la luz sanadora de la compasión, simplemente reconociéndolo, aceptándolo, permitiéndolo. Esta es la clase de persona que soy. Esto existe en mí. Siento esto, hago esto. Tengo estos pensamientos. Tengo estas tendencias.

> Los patrones condicionados de
> sufrimiento nos harían ocultarlos
> para poder continuar existiendo
> fuera de la compasión.

Y solo en la medida en que podamos encontrar la voluntad de llevarlos a esa luz pueden ser sanados.

De esa forma, puedes ser dueño de ti completamente, en lugar de tratar de expresar solo aquellas cosas que el condicionamiento kármico egocéntrico siente que son aceptables. Puedes ser, puedes experimentar, puedes tener todo, simplemente siendo quién eres en el momento. ESTUDIANTE: A pesar de saber cuánta dicha se siente porque esas cosas sucedan, sigue siendo aterrador descubrir otro aspecto de mí misma que no he visto antes.

GUÍA: Sí, porque el egocentrismo ve eso como la muerte. Siempre y cuando haya cosas horribles ocultas dentro de ti, el odio a ti misma puede controlar tu comportamiento. Cuando estás dispuesta a dejar que todo salga a la luz, el odio a ti misma ya no tendrá más poder sobre ti.

Si pudiera tener compasión
(amor a mí mismo)
por odiarme (¡!),

Ya no me odiaría,
me estaría amando

y nada en mí
necesitaría cambiar.

Las Voces: Escucha, pero No Creas

Si las voces en tu cabeza están diciendo, por ejemplo, que eres un mal estudiante espiritual, eres un mal meditador, eres inquieto, tu mente divaga, en un momento dado podrías identificar eso como odio a ti mismo y las dejas ir. Pero si empiezas a pensar que buen meditador eres, que buena persona espiritual eres, lo bien que lo estás haciendo, lo mejor que es tu práctica que la de los otros, eso también es odio a ti mismo, y es muy difícil de dejar ir una vez que estás enganchado.

Es beneficioso desarrollar el hábito de no creer en ninguna de esas voces— escucha, pero no creas. Es como si estuvieras cenando con un grupo de personas y todos están hablando. Puedes escuchar, pero no tienes que decidir quién está en lo correcto y quién está equivocado, quién es malo, etc. Puedes tener la actitud mental de estar presente pero no involucrado.

Cuando tienes esa actitud mental con otra gente, es un gran paso. Cuando puedes tenerlo dentro de ti, estás avanzando hacia la libertad.

Porque la parte de ti que está tratando de entender quién está bien y quién está mal, quién es bueno y quién malo, etc., es el problema. Esa es la persona que está confundida y sufriendo. Cuando puedes dar un paso atrás, no hay nada que entender, y no hay nada que creer. Lo único que hay es estar completamente presente en el momento.

Las voces nos sacan del momento y nos hacen creer que hay otro mundo además del presente. Mientras más nos involucramos en esa creencia, más vamos a creer en la ilusión de nosotros como separados, y más vamos a sufrir. Mientras menos creamos, mientras menos seamos seducidos, más estaremos dispuestos a estar en el presente menos va a haber alguien que sufra.

Aprende a estar presente.

Practica escuchar las voces en tu cabeza sin involucrarte y sin juzgar.

Y asume con fe que cualquier voz, interna o externa, que te diga que

ALGO ESTÁ MAL EN TI
no es la voz
de tu Corazón,
Dios,
ni de tu Verdadera Naturaleza.

La razón
por la cual la aceptación no es más popular
es porque en la aceptación
no hay nada que hacer.

En la aceptación, no hay nada "malo" que necesite
ser cambiado, arreglado, trabajado o de otra
manera mejorado.

Y el simple,
increíble,
alucinantemente asombroso
HECHO
es que tan pronto como te
aceptes a ti mismo
EXACTAMENTE
COMO
ERES,

SOLITARIO

ESTRESADO   DEPENDIENTE

INSEGURO   EGOÍSTA

AGRESIVO   TÍMIDO

ENOJADO   SNOB

todos esos "defectos de tu personalidad"
comienzan a desparecer
porque esos "defectos"
sólo existen en la no-aceptación,
en el odio a ti mismo.

 GUÍA: Nada acerca de cómo eres es un problema hasta que lo resistes. El problema empieza a existir cuando hay resistencia.

ESTUDIANTE: Pero ¿qué pasaría si quiero hacer algo que es dañino?

GUÍA: Querer hacer algo y hacer algo son dos cosas completamente distintas. No hay necesidad de actuar solo porque tienes un sentimiento.

ESTUDIANTE: Pero ¿qué pasaría si quiero actuar?

GUÍA: Tus preguntas surgen de le creencia que eres intrínsecamente malo, y que si no te controlas serás malo. Cuando te das cuenta de que eres bondad y te permitas vivir eso, nunca se te ocurriría ser destructivo —intencionalmente destructivo.

Si tomas la cosa más espantosa
en todo el mundo

y la invitas a entrar,

la tomas en tus brazos,

y te sientas tranquilamente
con ella,

¿qué queda que puede asustarte?

Odio a uno mismo: ¡Todos lo hacen!

Una vez que capto como funciona este proceso de odio a uno mismo, me doy cuenta de que funciona todo el tiempo y en todas partes.

Todos lo hacen.
Es simplemente la manera como operamos.

Cuando veo que es cierto, el odio a uno mismo deja de ser algo privado y secreto que demuestra que soy una mala persona. Puedo comenzar a tomarlo menos a pecho.

En algún momento,
tarde o temprano,
vas a tener que arriesgarte a
SER TÚ
con el propósito de descubrir
quién es ese realmente.

No el tú condicionado, no el "tú" que te han hecho
creer que eres, quien _realmente_ eres.

Y tal vez esta sea
la cosa más aterradora,
más amorosa,
más gratificante
que has hecho.

Sí no te estás volviendo
más amable,
más gentil,
más generoso,
y amoroso,
no estás haciendo este trabajo.

Si estás más
agobiado,
crítico,
y rechazado,
te estás odiando a ti mismo.

¿Cuál es el camino?

Encontramos que el modelo en las siguientes páginas es una representación bastante acertada de cómo nuestro condicionamiento hacia el miedo y al odio a uno mismo trata de alejarnos de nuestra verdadera naturaleza.

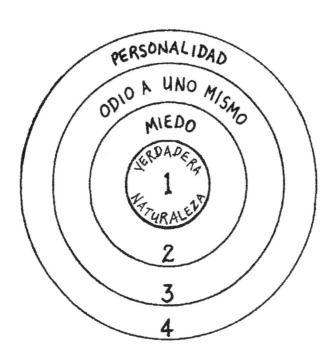

A nivel de la personalidad (4), tenemos nuestros mecanismos de defensa, y nuestra manera de sobrellevar el mundo. Desde este nivel, podría decidir que la vida debe tratarse de algo más de lo que estoy obteniendo, y que quiero algo más de lo que la vida me está ofreciendo.

Entonces empiezo a trabajar con la personalidad, tratando de mejorarla, arreglarla, entenderla. Decido conseguir un diferente esto o aquello, un nuevo compañero, un nuevo empleo, casa, carro. Busco el crecimiento personal, voy a terapia. Hago todas estas cosas que creo me van a convertir en la persona que debería ser. No hay nada de malo en todo eso, es solo que no funciona.

Finalmente, todos estos esfuerzos fallan y decido tomar un Gran Chapuzón e iniciar algún tipo de práctica espiritual, tal vez la práctica de meditación, algo que esté diseñado a llevarme más allá de la personalidad.

Comienzo el largo y arduo viaje al centro de mi ser. Lo primero que me encuentro es el odio a mí mismo (3). Ahora, este es el nivel que, afortunadamente, ha impedido que el nivel de personalidad funcione. (La nuestra es una práctica espiritual y no tiene como objetivo vivir una vida exitosamente egocéntrica).

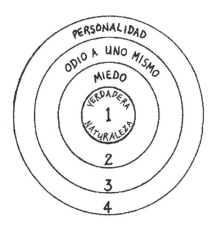

Así que estoy en el nivel 4 tratando de llegar a ser la persona perfecta, y el nivel 3 me está haciendo ver que no está funcionando. Voy a "mejorar" y el odio a mí mismo no me deja.

Cada vez que intente realmente iniciar este viaje espiritual, el odio a mí mismo hará todo lo posible para que lo deje y luego me azota por dejarlo.

Voy a empezar a meditar y el odio a mí mismo me detiene y me castiga por detenerme. Voy a empezar a hacer ejercicio y el odio a mí mismo me detiene y luego me castiga por detenerme.

Si de alguna manera encuentro la voluntad de prestar atención para luchar a través de las voces del odio a mí mismo y aprendo a quedarme quieto con todo esto y a no dejarme derrocar, el siguiente nivel que encuentro es el miedo (2).

He superado las distracciones, estoy siendo compasivo conmigo, y entonces está este pequeño momento de silencio... ¿Qué obtengo?

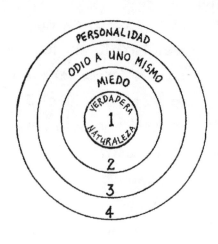

Miedo.
Un Gran Miedo.

Me dice, "¡Vas a morir! Y pienso, ¿Cómo puede ser esa la respuesta? He pasado por todo esto y, ¿ESA ES LA RESPUESTA?".

Entonces regreso al nivel 3, odio a mí mismo, y veo que ese odio a mí mismo es bastante útil porque funciona en ambas direcciones: Puedo pasar de miedo a odio a mí mismo, y puedo ir de personalidad a odio a mí mismo. Es flexible.

Puedo odiarme por estar asustado, y puedo tratar de componerme con el fin de no estar asustado, y puedo tener miedo del miedo, y puedo odiarme por tener miedo de no odiarme... todo diseñado para no dejarme llegar al centro (1).

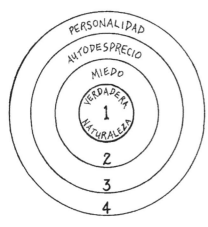

PERSONALIDAD

AUTODESPRECIO

MIEDO

VERDADERA 1 NATURALEZA

2

3

4

A lo mejor, con paciencia y disposición y experiencia o simplemente por haber sufrido lo suficiente, eventualmente me doy cuenta de que todo este proceso de ir de personalidad a odio a mí mismo, de miedo a odio a mí mismo a personalidad y de vuelta nuevamente, ha sido exactamente lo que necesito para aprender lo que necesitaba aprender. Me doy cuenta de que cada paso que he dado ha sido sobre el Camino.

Tal vez, me doy cuenta de que todo ha pasado perfectamente, y que esa Verdadera Naturaleza nunca fue inaccesible, nunca fuera de alcance, siempre presente, siempre guiándome.

No había nada malo. Es sólo que no lo sabía.

Cosas Horribles
(Y quiero decir horribles)

El odio a mí mismo está enfocado en convencerte que tú eres una persona terrible, que muy dentro de ti hay Algo Horrible, ¿Por qué? Porque de esta manera está en control. Solo puede decir

¡BOO!

y saltarás hacia atrás y harás lo que diga.

Pero puedes poner su engaño al descubierto diciendo simplemente,

"MUESTRAME LA COSA HORRIBLE. MUÉSTRAMELA".

Pero el odio a mí mismo no puede hacer eso.

Y mientras menos pueda mostrarte esa Cosa Horrible, más te irás dando cuenta de que

TAL VEZ ESO NO EXISTE. TAL VEZ NO HAY "UNA COSA HORRIBLE" DENTRO DE TI.

En este momento, el odio a mí mismo empieza a alterarse porque el poder le está siendo removido — y está siendo desplazado a esa parte de ti que es capaz de alejarse del odio a mí mismo y sostener este tipo de diálogo con él, que puede empezar a dejar de creer que hay algo mal en ti, la parte de ti que está comenzando a ser libre.

EL REGALO

Yo mantengo mi identidad
no mirándome a mí mismo.

Este sistema, esta identidad, no se sostiene bajo
escrutinio. Nada puede.

Entonces...
justo antes de empezar a verme (mi identidad
condicionada), el ego sale a la defensiva y las voces
comienzan:

Estoy aburrido.
Esto es estúpido.
No necesito esto.
No puedo hacer esto.
Esto no me funciona.
Tengo mucho que hacer.

Puede sonar como si viéramos al odio a uno mismo como un enemigo, pero no es así. Gandhi se refirió a sus oponentes políticos como maestros, porque tener oponentes dignos es una bendición. Te forzarán a ser lo mejor que eres.

Ese es el regalo espiritual
que el odio a uno mismo es para nosotros.

A pesar de lo que te hicieron creer _nunca_ hubo nada mal contigo.

GUÍA: De acuerdo, vamos a escuchar un poco de odio a uno mismo. Respondan esto: ¿Qué está mal con ustedes?

GRUPO: Todo... No puedo entender qué está mal... no lo entiendo... No logro hacerlo bien. Nunca soy serio... Soy desagradecida... Soy crítico y prejuicioso... Estoy condenado al infierno... Estoy molesta... Nunca voy a obtener lo que merezco... No soy jugador en equipo... Soy un pelele... Soy cerrado... No soy confiable... Soy un farsante... Soy floja y autoindulgente... Soy despreocupado... Soy muy seria... Soy un cobarde... No puedo con el programa... Nunca estoy satisfecho... No presto atención... Hablo mucho... Soy muy lenta... Soy un desertor... No pienso lo suficiente... No puedo seguir el paso... No soy lo suficientemente bueno... Soy egoísta... Soy mala... No soy amigable... No tengo valor... No soy digno de ser amada... Soy deshonesto... Soy orgullosa... Debo tener el control siempre... No puedo hablar bien... Soy estúpido... Estoy fuera de control... Soy muy emocional... soy muy sensible...

GUÍA: Mientras respondían, vi a la gente hacerse cada vez más pequeñas. Hicieron un pequeño viaje a la infancia. Las voces cambiaron, el lenguaje corporal cambió, la energía cambió. De pronto, estaba sentada en un salón con muchos niños pequeños. Son adorables.

El odio a uno mismo usa el
AUTO-MEJORAMIENTO
como
AUTO-MANTENIMIENTO.

Mientras te mantengas
preocupado de
auto mejorarte,

siempre tendrás
un YO que mejorar.

Y siempre sufrirás.

No Es Sorpresa Que Nos Sintamos Ineptos.

El odio a uno mismo nos motiva a juzgar, luego nos castiga por juzgarnos.

Juzgas a alguien más y es simplemente odio a uno mismo proyectado hacia afuera,

entonces todo se vuelve contra ti ¡cuando te castigas por juzgar!

Llamamos a esto,
"Cara tú pierdes, Cruz tú pierdes".

Lo Peor Que Puede Pasar

ESTUDIANTE: La creencia en la imparcialidad es una gran farsa del odio a ti mismo. "Si la vida fuera justa, si las cosas estuvieran balanceadas como deberían, esto no me estaría sucediendo". Es muy fácil pasar de ahí a "Debo haber hecho algo mal". Es el antiguo "¿Por qué le pasan cosas malas a la gente buena?". Pienso que no hay cosas malas y gente buena, simplemente cosas y gente.

GUÍA: Y eso es atemorizador ¿No es cierto? Porque significa que no tenemos el control. Si algo puede sucedernos a pesar de nuestros mejores esfuerzos por hacer que las cosas salgan como deseamos, ¿en dónde deja eso al egocentrismo? Una de las amenazas del ego es "Si no haces exactamente lo que digo, algo terrible te puede suceder".

Si crees esta amenaza,
lo peor que puede pasarte...
¡YA TE HA PASADO!

ESTUDIANTE: ¿Cuál es esta "cosa peor"?

GUÍA: La creencia en la ineptitud. Creer que no eres igual a tu vida. Alejarte de tu Verdadera Naturaleza, de tu Corazón, de tu vida, de Dios.

ES REALMENTE UN MILAGRO, ante todo nuestro miedo condicionado, estar siquiera dispuestos a considerar sentarnos quietos con nosotros mismos. Trabajamos y trabajamos para descubrir las capas de nuestro condicionamiento y cuando vemos lo que hemos descubierto nuestra reacción es

"¡Oh, no, eso no!
No quiero ver eso".

¿Qué pensamos que íbamos a ver? Debemos recordar que esta es la capa de "cosas" entre quien está buscando y lo que se busca. Es lo que me aleja de MI. Nos han enseñado a odiarla y a temerla para que nosotros también nos sintamos atemorizados y asqueados al mirarla. Sabe que si alguna vez logramos, si alguna vez volvemos a nuestros Yo no condicionado,
                    ¡la farsa se termina!

Volver a quienes somos realmente significa que no hay más odio a uno mismo, no hay más ilusión de separación, no hay más egocentrismo. Es por esto que es tan difícil y por qué casi nadie lo hace.

El egocentrismo es muy poderoso, muy astuto y muy decidido porque piensa que está luchando por su vida.

Entonces mientras más profundizamos se ve peor y peor. Es por esto que es crítico que aprendamos a sentarnos quietos y a no creer nada de lo que las voces nos digan. Es por esto que es crucial encontrar compasión.

Si la voz no te está hablando
compasivamente,
no tiene nada valioso
que decirte.

Todo lo que necesites saber te llegará
con compasión.

No Confundas

AGRADABLE & CORTÉS

con
compasivo.

Una persona compasiva puede ser lo que llamamos "Agradable y Cortés", pero la compasión no intenta ser agradable y cortés.

Agradable y Cortés
vienen del condicionamiento.

La compasión sale del Corazón
y de nuestra conexión compartida.

Finge Hasta que Lo Logres

ESTUDIANTE: Mucha de mi renuencia a hacer ciertos aspectos del trabajo de eliminar el odio a mí mismo surge del odio a mí mismo. Por ejemplo, si me doy cuenta de que me estoy hablando mal a mí mismo, parece ser fingido obligarme a ser compasivo diciéndome, en cambio, cosas buenas a mí mismo. Pero he encontrado que simplemente hacer el esfuerzo es con frecuencia útil. Recientemente me he sentido irritable y desagradecido y el simple acto mecánico de escribir "gracias" fue suficiente para ayudarme a encontrar el sentido de gratitud. Podría decir que fue fingido y estúpido, pero funcionó.

GUÍA: La voz que te dice que es fingido, está aterrorizada de que descubras cuán sincero eres.

ESTUDIANTE: Está bien simplemente pretender que gustas de ti mismo, actuar como si te aceptaras a ti mismo, aun cuando se sienta fingido o estúpido.

Santa Teresa de Ávila habló acerca de vivir la experiencia de gratitud interior y siempre asumí que ella quiso decir finge sentirla si no está ahí. Con frecuencia "actúo como si" y tan pronto lo hago, siento un cambio real.

GUÍA: Porque no es fingido. Estás actuando de la manera como eres realmente, de acuerdo con tu Verdadera Naturaleza que se esconde debajo del odio a ti mismo.

Enfócate en la Respiración

ESTUDIANTE: Estuve en una conferencia donde nos sentábamos a meditar por una hora cada mañana y se mencionó que, si nunca lo habías hecho antes, ibas a sentir varias sensaciones físicas, incluso nausea. Yo nunca había meditado antes, pero quería hacer todo correctamente, entonces me sentaba cada mañana. Estaba embarazada en ese momento y durante cada sesión pensé que iba a vomitar. Pero puesto que yo sabía que podía esperar esa sensación, continué haciéndolo y tomé la decisión de mantenerme aun cuando vomitara o me desmayara. Lo que descubrí fue que pude lograrlo manteniéndome enfocada en cada respiración. Y esa experiencia me mostró que las voces interiores no tenían la razón. Ellas me decían: "No puedes hacer esto. Te vas a enfermar". Pero no era cierto, incluso las señales físicas que estaba recibiendo. Esa fue una experiencia extremadamente valiosa. Más adelante, durante el parto, fue cierto nuevamente. Mientras me enfocara en la respiración estaba bien. Y eso me mostró dónde está la libertad.

GUÍA: Sí. Si fueras a otra conferencia, y digamos que tienes contigo a una amiga, y ella estuviera sentándose todas esas horas cada día, aun cuando nunca lo haya hecho antes, posiblemente le dirías: "Espero que sepas que estás haciendo algo maravilloso. Es realmente difícil y lo estás haciendo". Ese es el tipo de cosas que le diríamos con naturalidad a alguien a quien realmente le tengamos aprecio, pero no nos lo decimos a nosotros mismos. Pero podríamos hacerlo. Podríamos incluso ir más allá de decirnos que está bien tener nuestros pensamientos y sentimientos y arriesgar algo realmente compasivo como, "Eso estuvo muy bien. Me alegro de que hayas hecho eso. Eres una buena persona". Cuando hago esas recomendaciones, la gente con frecuencia dice que temen que si son así de amables consigo mismos, se volverían egocéntricos y autoindulgentes. Pero ¡Ya somos egocéntricos y autoindulgentes! ¡Ser amables con nosotros mismos es la forma de no ser egocéntricos y autoindulgentes!

¿Está Bien Sentir Miedo?

ESTUDIANTE: He encontrado muy útil durante la meditación decirme a mí mismo que me amo. Al principio me sentí fingido y ridículo, pero decidí continuar haciéndolo y los  resultados han sido sorprendentes. Algunas veces he estado en terribles estados mentales, y la idea de amarme a mí mismo llega por sí sola. Me ha hecho llorar a veces porque la compasión está ahí. He practicado verbalizar "te amo" conmigo mismo, y como resultado esas palabras simplemente surgen.

GUÍA: El hecho de que lo veamos como fingido y ridículo nos dice que el egocentrismo está juzgando. Si estás centrado, nunca verías amarte a ti mismo como fingido y ridículo. Solamente el ego agregaría esas etiquetas. Llamarlo fingido es odio a ti mismo; es el ego tratando de hacerte creer que amarte a ti mismo es una experiencia que desconoces. Es por eso que me gusta este proceso de reafirmarme que sí me amo.

Un ejemplo de amor propio y aceptación en acción sería algo así: Digamos que he identificado que siento miedo. Podría decir: "Soy una persona osada y valiente" pero eso no va a servir de nada. O podría decir: "Está bien tener miedo", y empezar a enfocarme en lo que es este miedo. "¿Qué es miedo?, ¿Cómo se siente? ¿En qué lugar de mi cuerpo se siente? ¿Qué me digo a mí misma cuando tengo miedo?". Luego puedo ir a hacer aquello que me hace sentir miedo y luego preguntar, "¿En qué momento surge el miedo? ¿En qué forma el miedo me impide hacer eso? ¿Puedo sentir el miedo y hacerlo de todos modos?". Te fijas entonces que hay algo que va con eso. Si está bien sentir miedo, todas mis opciones están abiertas.

¿Tengo miedo todo el tiempo? No. Entonces, ¿cuándo tengo miedo? ¿De qué exactamente tengo miedo? Si estoy tratando de ocultar el miedo, de reprimirlo, de no dejarme saber a mí misma que lo siento, se puede convertir en un arma de odio a mí misma porque en lugar de ser alguien que siente miedo de algo específico, el odio a mí misma me etiqueta como una persona miedosa, asustada, llorona, encimosa y cobarde. Pero si simplemente siento miedo de algo y eso está bien, esa carencia de juicio es una puerta abierta que puedo cruzar.

La aceptación me vuelve a traer hacia mí misma.
Puedo quedarme quieta con el miedo en el
momento que lo siento, vivirlo por lo que es y
permitirle que sane dentro de esa aceptación.

El miedo es muy dramático.
Cuenta historias muy plausibles.
Crea sensaciones muy fuertes en tu cuerpo.
Es el principal apoyo del egocentrismo.
Es egocentrismo.

El ego es miedo. Y el ego es todo lo que después hace para manipular, controlar y evitar el miedo, esa experiencia de sí mismo.

(Dice: "Yo te protejo. Yo te daré seguridad).

El ego gasta
una cantidad enorme
de tiempo y energía
pretendiendo evitarse a sí mismo.

Presta atención.

El odio a ti mismo es escurridizo.
Inclusive te dirá cosas como—

"No deberías creer las voces del odio a ti mismo.
Si todavía las crees, hay algo realmente mal
contigo".

No estoy aquí para llegar a ser
una persona aceptable.

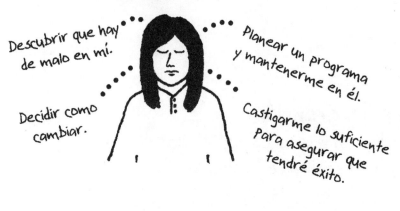

Descubrir que hay
de malo en mí.

Planear un programa
y mantenerme en él.

Decidir como
cambiar.

Castigarme lo suficiente
para asegurar que
tendré éxito.

Estoy aquí para aceptar
la persona que soy.

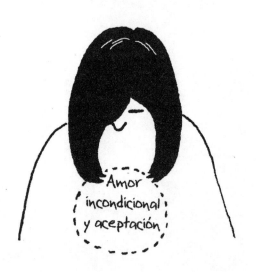

Amor
incondicional
y aceptación

Puede Ser Cierto...

Puede ser cierto que haces sacrificios, pero eso no te hace bueno, simplemente significa que haces sacrificios.

Puede ser cierto que eres tolerante, pero eso no te hace bueno, simplemente significa que eres tolerante.

Puede ser cierto que eres responsable, pero eso no te hace bueno, simplemente significa que eres responsable.

Puede ser cierto que meditas, pero eso no te hace bueno, simplemente significa que meditas.

Etiquetamos estos comportamientos como buenos y luego continuamos haciéndolos para apoyar el odio a ti mismo. Quizás actuar para ser bueno es lo que te impide ver que ya eres bueno.

Puede ser cierto que chismorreas, pero eso no te hace malo, simplemente significa que chismorreas.

Puede ser cierto que dices mentiras, pero eso no te hace malo, simplemente significa que dices mentiras.

Puede ser cierto que eres impaciente, pero eso no te hace malo, simplemente significa que eres impaciente.

Puede ser cierto que eres sarcástico, pero eso no te hace malo, simplemente significa que eres sarcástico.

Etiquetamos estos comportamientos como malos y luego continuamos haciéndolos para apoyar el odio a ti mismo. Creer que lo que haces determina quién eres podría ser la verdadera razón para continuar estos comportamientos.

Es un juego de perder/perder
con el odio a ti mismo.

Si me siento bien
tengo que pagar el precio
porque sentirse bien no está bien realmente.

Si me siento mal
tengo que pagar el precio
porque sentirse mal no está bien realmente.

¡Pero Podría Cometer un Error!

ESTUDIANTE: Te he escuchado decir que no es posible cometer errores. Estoy teniendo algo de dificultad para entender eso. ¿Podrías hablar algo más de eso?

GUÍA: Sea lo que fuere que esté haciendo, si le presto atención, me voy a beneficiar. Voy a aprender algo.

Mira a tu hijo, Evan, aprendiendo a caminar. ¿En qué punto debió él haberse considerado un fracaso y darse por vencido? ¿Cada vez que se tiró de cabeza o cayó hacia atrás sobre sus sentaderas? Eso no fue exitoso bajo la definición de caminar, sin embargo, tampoco fueron fracasos. Fueron simplemente parte del proceso de aprender a caminar.

Si queremos despertar y ponerle fin a nuestro sufrimiento (y si le estamos poniendo atención a cómo nos hacemos sufrir), vamos a aprender de cada cosa que pasa. Por ejemplo, yo estoy viviendo la vida trabajando diligentemente hacia una meta y no resulta de la manera que yo deseo que resulte. Si estoy dispuesta a prestar atención, el no obtener lo que deseo es muy útil.

"¿Por qué no conseguí lo que quería?", "¿Por qué no estuve en control?", "¿Qué salió mal?", "¿Quién es el culpable?".

"¿Qué debí haber hecho diferente?".

"Quizás debería intentar con más empeño".

Muy bien, ¡ahora hay un aula para ti!

Si pudieras ver claramente todas tus creencias condicionadas acerca de conseguir lo que quieres, controlar, equivocar, culpar, debería e intentar, tendrías un nivel de claridad que haría tu vida simple y agradable de una manera que ahora no puedes ni siquiera imaginar. Tendrías un nivel de libertad a tu disposición que no encontrarías si todo saliera como lo deseas durante el resto de tu vida.

Fracaso, cometer errores... la persona que está agonizando acerca de "debería aceptar ese trabajo en Hoboken", como si el transporte únicamente va en una dirección. Si aceptas el trabajo estás condenada a quedarte allí para siempre. No es posible decir, "Oh, no me gusta Hoboken", e irte. Se convierte en algo de vida o muerte. Todo o nada.

Esto me recuerda los inicios de Ram Dass con preguntas como: "¿Debería cortarme el cabello?". "¿Debería perder mi virginidad?". "¿Debería leer a Meher Baba?".

Supongo que para nosotros sería: "¿Debería leer a Rajneesh?". (Y por supuesto, la respuesta es TOMA EL RIESGO).

Pero la actitud mental que se enfoca en este tipo de cosas ha fallado. Si tienes miedo de cometer un error, ya lo cometiste. Ya estás en una posición tan mala como puedes estarlo. Todo después de eso es salir.

Este tipo de información no es bien recibida por el odio a ti mismo porque ¿con qué te azotaría si no fuera posible fracasar? ¿Si los errores no existieran? ¿Si no pudieras equivocarte? Y si no hubiera nada con que azotarte, ¿De dónde vendría el control? ¿Qué mantendría el miedo? ¿Qué mantendría la ansiedad y la ineptitud?

Y las preguntas que le siguen a estas son: ¿Qué mantendría el egocentrismo? ¿Cómo sabrías quién eres? ¿Cómo sabrías lo que "deberías" ser o lo que "deberías" hacer?

Es únicamente la ilusión de un yo separado (algo que se considera a sí mismo fuera de la vida y viviendo en un lugar diferente al Ahora el cual es la única realidad) que pudiera creer que es posible cometer errores. Porque, de hecho, no está sucediendo nada diferente a lo que es. Es únicamente en algún imaginario universo paralelo en el cual esto es lo que sucedió, pero aquello es lo que pudo haber sucedido, en el que ese tipo de alternativa parece ser plausible. En este universo existe únicamente lo que es. Todo lo demás es un espejismo.

Por lo que sé, es solamente cuando nos aferramos a la noción de que algo sucedió de _esta_ manera, pero debería haber sucedido de _aquella_ manera, que podemos decir, "Bueno, tuve _esta_ experiencia, pero _aquella_ era la que supuestamente debería haber tenido". No creo.

ESTUDIANTE: Desde la perspectiva de la parte de mí que cree en el fracaso, nada de lo que estás diciendo tiene sentido, y sin embargo, lo que dices tiene sentido.

GUÍA: Es por eso, que cuando vemos estos temas, es muy útil estar centrada, en el momento presente, para verlos porque el odio a uno mismo está entregado al fracaso.

¿La recompensa del fracaso?

MIENTRAS SIGAS FRACASANDO PUEDES SEGUIR INTENTANDO

Entonces tienes que hacerlo otra vez. "No lo he hecho correctamente entonces tengo que hacerlo de nuevo".

ESTUDIANTE: ¿Cómo podría ser eso una recompensa?

GUÍA: Mantiene el egocentrismo, mi lugar en el centro del universo. El universo entero está enganchado en "¿Tendré éxito?".

Diré nuevamente lo que he dicho con frecuencia. La razón por la cual la aceptación, simplemente aceptar lo que es, no es más popular es porque en la aceptación no hay nada que hacer. El egocentrismo es el que hace.

Y recuerden, el odio a ti mismo / egocentrismo / miedo / la ilusión de separación está a fin de cuentas interesado en una cosa:

mantenerse.

Sospecho que nos enfocamos en "aprender de nuestros errores" (siendo azotado por ellos)

porque eso nos impide
prestar atención a lo que
estamos haciendo

en el presente.

Recuerden, mientras se mantengan fuera del momento, el odio a ti mismo está en control.

La no aceptación
es siempre
sufrimiento,
no importa que
sea lo que no estés
aceptando.

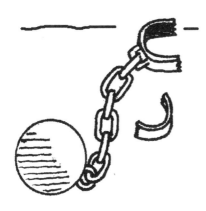

La aceptación
es siempre
libertad,
no importa que
sea lo que estés
aceptando.

Una Definición de Sufrimiento

Tratar de conseguir y aferrarnos a aquello
que nos gusta,

y

tratar de evitar y eliminar aquello
que no nos gusta.

Cualquier cosa que esté luchando
o descontento
o sufriendo
o asustado

es lo que necesita ser aceptado.

La vida es muy corta.

No tenemos tiempo para sentir miedo.
No podemos darnos el lujo de permitir que el miedo
y el odio controlen nuestras vidas.

¡ESTE ES EL PUNTO!

Odio a ti mismo y la Ilusión de Control

Estamos llenos de tensión y de estrés tratando de controlar nuestras vidas. Nos tensionamos, nos mantenemos firmes y sentimos que estamos haciendo que las cosas se den (lo que queremos), o impidiendo que algo se dé (lo que no queremos). Si en efecto, al tensionarnos pudiéramos controlar la vida, seríamos tontos al no hacerlo. Sin embargo, lo que sabemos, es que el estar tensos, estar llenos de estrés no nos permite controlar la vida.

¿No somos entonces tontos al mantener la tensión? Porque con esta situación de tensión / no control, tenemos dos problemas:
1. Tensión / estrés y
2. No control sobre la vida.

En una situación de no control / no tensión, tendríamos solamente un problema:
1. no control sobre la vida

lo cual puede ser experimentado como atemorizante o libertad.

No tenemos control, pero pensamos que deberíamos tenerlo. Dejar la ilusión de control no te hará más vulnerable, te hará más apacible, relajado, abierto, receptivo, feliz, calmado.

Los niños no tienen control y no piensan que deberían tenerlo.

"Sí, pero mira lo que les pasa a los niños".

La vida es la vida con o sin la ilusión de control. Los niños sienten el dolor de la vida. Dolor y sufrimiento no son la misma cosa. **El sufrimiento se da cuando nos hacen creer que lo que nos está sucediendo es malo y es un error y deberíamos haberlo prevenido.**

Aprendemos a pensar en la vida como recompensa y castigo.
— Si soy bueno, me sucederán cosas buenas. Consigo lo que quiero ("Cómete tus arvejas y luego podrás comer pastel")
— Si soy malo, me sucederán cosas malas. No consigo lo que quiero y las cosas me serán retenidas. ("No hiciste tu tarea. No hay televisión para ti esta noche").

Aprendemos a creer que, si ejercemos suficiente control, si somos como deberíamos ser, podríamos tener únicamente las cosas buenas en la vida y evitar que cualquier cosa "mala" nos suceda. Aprendemos a creer que lo que nos pasa es el resultado de cómo somos. La vida nos castiga cuando somos malos y nos recompensa cuando somos buenos.

Cuando llegamos a adultos tenemos firmemente arraigada la idea de "Las cosas están saliendo a mi manera. Eso quiere decir que soy buena persona". O "No estoy consiguiendo lo que quiero. Estoy siendo castigado por ser malo".

En pocas palabras esto es lo que está sucediendo: Hemos aprendido a creer que el odio a uno mismo— ese implacable bombardeo de juicio, criticismo y culpa— es lo que nos impide ser crueles, explosivos, egoístas e indulgentes, y que si no estamos constantemente bajo observación y control seríamos detestables y peligrosos. ¡Es mentira!

El odio a uno mismo no prevendrá el abuso de niños pequeños que están actualmente en cuerpos pequeños y no prevendrá el abuso de niños pequeños que están actualmente en cuerpos grandes (como los de ustedes).

La única manera en que se podrá acabar el abuso en todas sus formas es dejando de creer que castigar a la gente la hace buena.

No puedes ser no-violento
si hay alguna parte de ti
a la que te opones

No estás realmente sirviendo
si hay alguna parte de ti
a la cual no le has extendido tu compasión.

Tu amor siempre será condicional
mientras excluyas
una parte de ti mismo de él.

El sufrimiento no puede ser sanado por medio del odio a ti mismo. El sufrimiento solamente puede ser sanado por medio de la aceptación compasiva.

Si aceptamos, si nos abrimos, la vida nos transformará.

Si nos resistimos, si intentamos huir, el dolor y el sufrimiento son reforzados y ahondaremos el condicionamiento que nos hace sufrir.

Cuando acogemos,
    el dolor
        desgasta
            el sufrimiento...

Si estamos dispuestos y somos pacientes, la vida obrará su magia en nosotros.

Poco a poco todo lo que no es compasión será removido, quemado y alejado de nosotros.

El dolor y el sufrimiento de aferrarnos a nuestras creencias y a nuestros temores se harán tan grandes que los dejaremos ir. Y cada vez que los dejamos ir encontramos paz, descanso, alivio, y un creciente sentimiento de compasión y gratitud.

La Meditación Lo Soluciona

ESTUDIANTE: Me despierto en la noche con miedo a morir. No sé qué hacer.

GUÍA: La meditación lo solucionará. Podrás experimentar directamente lo que estás etiquetando como miedo. ¿De hecho, qué es el miedo? "Bueno, tengo miedo de que voy a morir". Vas a morir, es cierto. ¿Estás muriendo en este momento? No por lo que se ve. ¿Es esa una experiencia que estás teniendo, o es una idea a la que te estás aferrando? ¿Cómo sería esa sensación sin esas creencias, sin esas etiquetas, sin ese condicionamiento?

Te despiertas y todo está bien. Se te viene un pensamiento, el miedo lo sigue, luego las voces empiezan, y estás rumbo a las carreras. No estaba pasando nada antes de eso. ¿Cómo llegaste ahí? ¿Qué pasó?

ESTUDIANTE: Hubo veces en las que me quedé despierto toda la noche.

GUÍA: Creyendo cada cosa que las voces en tu cabeza te decían, ¿verdad? Entonces, empiezas a darte cuenta de cómo ese tipo de proceso ha servido un propósito en tu vida. Ahora, el propósito puede que no sea más complejo que el de perpetuar el odio a ti mismo. Te mantiene abajo. Te mantiene aterrorizado. Te mantiene estancado. Te mantiene "seguro". Empiezas a arriesgarte, sientes la mano helada alrededor de tu columna a las 3:00 A.M., dejas de arriesgarte. Simplemente regresas a ese lugar seguro. Empiezas a hacer todos esos comportamientos que hacen que el egocentrismo se sienta en control y se sienta seguro. Reduce ese mundo. Haces lo que supuestamente debes hacer. Siendo azotado sin misericordia, y después tal vez estés bien.

A través de la práctica aquí en el Centro Zen y a través de prestar atención en tu meditación, empiezas a sospechar que lo que realmente está sucediendo es un proceso que no tiene nada que ver con lo que tú piensas que está pasando. Empiezas a ver que hay ciertas ocasiones cuando se presentan estos patrones. Empiezas a notar que en efecto, ellos son, de hecho, patrones. Ya no les vuelves a creer.

Lo traes nuevamente, cada vez más cerca, a la sensación que de hecho lo está desencadenando. Y te das cuenta de que no existe tal miedo.

Empezar a despertar.

Empezar a no tomarlo como algo personal.

Empezar a ver que
la vida no es "culpa" de nadie.

Simplemente es.

Y tú simplemente eres.

Y todo está bien.

Salir, Sentirte Miserable, Regresar

GUÍA: Para mí, el trabajo psicológico que hacemos es maravillosamente útil, pero es inservible si no te sientas a practicar. Sin embargo, sentarse a practicar no es inservible sin el aspecto psicológico. Podrías sentarte mirando una pared y eventualmente entenderías todo esto. Está todo disponible sin tener ningún entendimiento intelectual de él. Sin embargo, los dos juntos son un programa realmente sólido para terminar con el sufrimiento. Pero la mayoría de las personas quiere solamente tener un entendimiento intelectual y luego hacer que les funcione. Eso es  como tener el entendimiento intelectual de cómo montar una bicicleta. Es fabuloso cuando estás en tu sala leyendo un libro al respecto, pero cuando estás volando colina abajo no te sirve de nada. Lo único que es útil es hacerlo, practicarlo.

En nuestra práctica vamos a ese lugar de bondad inherente, encontramos ese profundo sentido de bienestar dentro de nosotros mismos y nos hacemos amigos de eso. Vamos allá, y vemos que estar ahí es maravilloso. Durante el tiempo que estemos ahí, todos los problemas se desaparecen, y todo está como debiera ser. Y luego nos vamos, nos salimos y nos quedamos enganchados en algo. Y regresamos.

Es por esto que digo
que en vez de traer nuestra
práctica espiritual a nuestra vida diaria,
traemos nuestra vida diaria
a nuestra práctica espiritual.

Estamos creando un círculo de compasión
y continuamente traemos
los eventos de nuestra vida hacia él.

Si estoy preocupada e intranquila acerca de algo, lo traigo a ese lugar de tranquilidad, y hay paz ahí. Simplemente se resuelve solo. Se disuelve. Luego me vuelvo a enganchar, mi mente se va. Voy al condicionamiento y estoy miserable otra vez. Luego regreso. Practico regresar aquí (indicando el centro), salir, sentirse miserable, volver aquí. Eventualmente llego al punto en el que cuando miro el estar aquí en el sitio de compasión o estar allá atrapada en odio a mí misma, no hay ninguna duda. No quiero estar allá atrapada en el odio a mí misma. No es que yo lo esté alejando de mí, no es que esté diciendo soy mala persona por hacer eso. Es simplemente que lo observo, me doy cuenta de lo que está sucediendo y prefiero regresar aquí.

¿Quién Me Tiene Miedo? ¡Yo Me Tengo Miedo!

El beneficio de trabajar en ver el odio a ti mismo y ver cómo te liberas de ello es que dejas de tener miedo de ti mismo y encuentras una mayor disposición para sentarte y quedarte quieto con lo que sea que tengas dentro de ti. Cuando dejes de creer en las voces del odio a ti mismo, notarás algo curioso — vacío, un hueco dentro de ti. En vez de distraerte y tratar de llenarlo, si sientes curiosidad acerca de cómo sentarte y estar con ese vacío, es algo muy maravilloso. Cuando tratamos de llenar ese hueco con distracciones, eso es lo que realmente nos deja vacíos. Ese vacío está lleno de sufrimiento. Es una experiencia cerrada y estrecha. El otro vacío es una sensación abierta y expansiva, y sí, el ego se siente incómodo con ella porque ahí no existe el ego. Si nos permitimos acostumbrarnos a esa amplitud, es una experiencia maravillosa.

En el presente
podemos acoger el pasado
y liberar el futuro.

Si el futuro no es liberado
para ser el presente que es,
nuestro presente siempre será
vivido en el pasado.

GUÍA: Le he preguntado a algunas personas si han tenido una tarde agradable y algunos dijeron que no. Entonces, ¿podemos escuchar a algunas de las víctimas de después del taller de odio a ti mismo acerca de su odio a sí mismos?

ESTUDIANTE: Cuando dejé el taller, sentí una sensación de gratitud. "He aquí el camino a la libertad y lo había olvidado. Es muy útil que me lo recuerden". Luego observé como el odio a mí mismo usaba esa información en mi contra.

Esta fue la situación: Parte de mí es muy indecisa y al tratar de decidir si debería pasar la noche haciendo A o B, se tornó totalmente nerviosa y solamente quería que alguien le dijera lo que debería hacer. Entonces la voz del odio a mi misma dijo: "Eso es dualidad. La respuesta es no hacerlo". Entonces otra voz enjuiciadora dijo: "Lo que necesitas es compasión y no te la estás dando a ti misma". Entonces el odio a mí misma tomó todo lo que yo había aprendido ayer y lo conectó con el sistema de odio a uno mismo.

Me quedé con esta persona indecisa que estaba sufriendo horriblemente y entonces escuché otra voz que dijo: "Simplemente estás manteniendo el odio a ti misma". Después pude ver que era esa voz la que estaba manteniendo el odio a mí misma; la persona que era miserable era simplemente miserable, y yo no estaba haciendo nada para ayudarla porque yo estaba acusándola de hacerlo equivocadamente.

Finalmente lloré y eso pareció liberar algo. Pero pude ver por qué la gente deja de prestar atención. Empiezas a darte cuenta de todas estas cosas y es fácil decidir que simplemente es demasiado.

GUÍA: ¿Y quién decidiría que "simplemente es demasiado" excepto por el odio a uno mismo? El odio a uno mismo no decide que "simplemente es demasiado" cuando te está azotando— solamente cuando tú eres consciente y te percatas de lo que te está haciendo es cuando dice "demasiado". ¿No te parece sospechosa esa coincidencia?

Si es realmente demasiado, deja de permitir las golpizas por ser quién eres. ¿No es de ahí de donde surge la miseria? ¿Entonces QUÉ IMPORTA si tienes dificultad para tomar una decisión? ¿Y QUÉ si quieres que alguien te diga qué hacer? ¿Y QUÉ si es dualidad? ¿Y QUÉ si mantienes el egocentrismo?

¿Sería algo de eso un problema si no te hubieran enseñado a creer que la forma que eres es un error? ¿Se moriría alguien o les ha sucedido algo terrible a ellos como resultado de tu forma de ser? No. ¿Entonces como justificamos toda esta violencia?

Alguien ha tenido dificultad para decidir entre A y B. ¿Deberíamos matarla? ¿No merece ella vivir? ¿O es suficiente con simplemente azotarla hasta que no le importe si vive? ¿Puedes darte cuenta de lo descabellado que es este sistema? Yo te motivaría a arriesgar los horrores de la indecisión y la compasión.

Yo no veo adultos en todo esto. Solamente veo niños pequeños porque así es como la mayoría de nosotros nos sentimos por dentro. Me imagino a esta niña que no sabe si quiere el balde rojo o el balde azul. La verdad es, ella quiere los dos. Ambos son muy bonitos y a ella le gustan los dos de la misma manera y no puede tomar una decisión. Lo que ella no sabe es que en este mundo solamente puedes tener uno porque tener los dos te hace egoísta. ¿Qué la va a ayudar a ella aquí? ¿Qué tal si empezamos a gritarle para que se decida? Decirle que si ella no se decide pronto no va a conseguir ninguno de los dos. ¿Ayudaría si nuestras voces suenan airadas, nuestros rostros están enrojecidos y la agarramos por el brazo y la estremecemos? No. Y sin embargo, ¿cuántos niños hay a quienes se les "enseña" de esta manera?

No saber si quieres A o B, rojo o azul, no te hace una mala persona. Esas cosas no tienen nada que ver la una con la otra. Pero ¿no es difícil ver eso? Nos han enseñado que todo en la vida te hace ya sea buena persona o mala persona. Pero no es verdad y nunca lo ha sido.

Todos los conflictos de la vida están
entre soltarnos
o
aferrarnos,

abrirnos hacia el presente
o
pegarnos al pasado,

expansión
o
contracción.

El Camino del Esfuerzo Paciente

Había una vez un estudiante que asistía fielmente a los retiros de Zen pero siempre aferrada a la idea de que ella era Mala para Meditar. En cada retiro ella agonizaba por esto y siempre decía las mismas cosas: "No puedo meditar. Me siento en el cojín y pienso en cosas, sueño despierta, escribo libros, estoy inquieta. Simplemente no puedo hacer esto". Y los maestros le decían: "Está bien. Simplemente sigue asistiendo. Siéntate ahí. Presta atención cuando puedas". Retiro tras retiro, siempre sucedía lo mismo.

Después de cinco años, repentinamente, el Buen Meditador llegó al retiro. Ya no había nada contra lo cual luchar y la parte de la estudiante que deseaba más que nada poder meditar, finalmente pudo venir al retiro. Ahora, el Buen Meditador era quien había estado trayendo a la estudiante a cada retiro todo este tiempo, y aprovechando cualquier tiempo de meditación que pudiera tener.

El odio a sí misma le decía incesantemente lo mala que era para meditar. Pero el Buen Meditador se mantuvo ahí pacientemente y finalmente la estudiante pudo ver esa parte en ella. Moraleja de la historia: No importa lo que te digan, nunca te des por vencido.

La aceptación es el camino a la creatividad,
de hecho,
<u>es</u> creatividad.

Hasta cuando aceptes, nada nuevo puede ser,
tendrás solamente el pasado.

Si quieres un nuevo mundo,
acepta el mundo tal como es.

Si quieres un mundo totalmente nuevo,
 acéptalo totalmente.

DIGA
SI
A LA VIDA

Cuando el Buda quería descubrir cómo llegaba el sufrimiento y cómo terminarlo, y descubrió que nadie podía decirle, su respuesta fue averiguarlo por sí mismo.

Es posible para cada uno de nosotros hacer esto, aun cuando casi nadie desea hacerlo.

Casi Nadie Quiere Crecer

Pensamos que es muy difícil. Preferimos enfocarnos en lo que está mal en nosotros y en por qué no podemos hacer nada al respecto.

No queremos hacernos cargo de nosotros mismos porque esto significa renunciar al deseo de que alguien más se haga cargo de nosotros.

"Quiero que mi mamá lo haga. Ella debió haberlo hecho, pero no lo hizo. Me voy a quedar estancado aquí hasta que..."

¿Hasta que qué? ¿Hasta que ella lo haga? Pero ella no puede hacerlo. Y nunca pudo. Nuevamente, tenemos que considerar esto: Si nosotros no podemos hacerlo, ¿cómo pudo alguien más haberlo hecho?
"Bueno, yo podría hacerlo ahora si ella lo hubiera hecho entonces".

No.
Esa es una estafa creada por el egocentrismo diseñada a mantenerte estancado.

Buscamos cosas que nos han hecho porque eso nos convierte en La Víctima. Cuando somos La Víctima, las cosas no son nuestra culpa y no tenemos que asumir la responsabilidad. Podemos señalar todas estas razones de que somos como somos.

También podemos decir, sí, esto me sucedió a mí, y mis padres me lo hicieron porque sus padres se lo hicieron a ellos, y así sucesivamente. Y si yo no puedo dejar de hacérmelo a mí mismo, ¿cómo puedo esperar que ellos hubieran dejado de hacerlo? Ellos no tenían conocimiento de que todo esto existía. Ellos simplemente estaban siendo buenos padres de la misma forma como ellos fueron criados.

CASI

NADIE

QUIERE

CRECER.

Asumir responsabilidad
no es
asumir la culpa.

No es tu culpa.
No es la culpa de otro.
No es la culpa de nadie.

"CULPA" NO ES EL PUNTO.

Así es como es.
Esta es tu mejor oportunidad de cambiar esto. *

*Siempre habrá oportunidades en el futuro, pero ¿por qué no usar
esta?

- Paráfrasis de una vieja historia Zen -

Una tarde caliente de verano, el cocinero del monasterio, un monje anciano, estaba esparciendo hongos sobre una esterilla para secarlos al sol. Un joven monje lo vio y le preguntó, "¿Por qué está un hombre anciano como tú haciendo un trabajo tan arduo en la hora más caliente del día?". El anciano monje respondió: "Si no lo hago yo, entonces ¿quién? Si no ahora, ¿cuándo?".

- Paráfrasis de otra vieja historia Zen -

Una mujer fue a un monasterio Zen. Estaba tan emocionada de estar allí— un lugar tan sagrado, un lugar de iluminación.

El primer período de meditación, subió muy consciente las escaleras hacia el salón de meditación. Cuando se disponía a inclinarse antes de entrar, notó algo impactante. Ahí, a la altura de las escaleras había un balde de agua sucia con un trapeador que sobresalía de las sucias profundidades. "Eso es terrible", exclamó, verdaderamente horrorizada, y entró a meditar.

La siguiente mañana, el balde todavía estaba ahí.

"Eso es asqueroso", murmuró, "¿esto es Zen?" y entró a meditar.

La siguiente mañana,

el mismo balde. Ella exclamó "No puedo creer esto. Esto es ridículo. Alguien debe hacer algo al respecto", y entró a meditar.

La cuarta mañana, ahí estaba el balde, sin ninguna mejora por los días de abandono. La mujer miró el balde y pensó "Yo soy alguien", y se llevó el balde y lo limpió.

Gente de 40, 50, 60 años
están esperando que sus padres los críen.

"No quiero tener que amarme a mí mismo. Quiero que mi mamá me ame. Quiero que mi papá me dé lo que necesito".

Las probabilidades de que eso no suceda son muy buenas.

Si tus padres pudieran amarte de la manera que quieres ser amado,

ya habría sucedido.

Solamente tú
sabes cómo quieres y necesitas ser amado.

Solamente tú
puedes amarte de la manera que necesitas y
deseas ser amado.

Si tú no puedes o no te das a ti mismo lo que
necesitas, ¿cómo supones que alguien más, que no
está tan motivado, quien, de hecho, está tratando
de conseguirlo para sí mismo (posiblemente de ti),
va a proporcionártelo?

¡CASI NADIE QUIERE CRECER!

Puedes Tenerlo Todo

Vivir con compasión por nosotros
mismos nos da a cada uno
los padres amorosos
que siempre quisimos.

GUÍA: Yo solía creer que iba a encontrar dentro de mí misma a una adulta para que criara a mi niña. He descubierto que en realidad ¡es un caso de encontrar a la niña que pueda cuidar de la adulta! El secreto es este. La adulta es el producto abusado del condicionamiento de la sociedad, mientras que la niña, quien (afortunadamente) fue abandonada para que esta persona sobreviviera, todavía está ahí dentro, total, completa y original.

Lo que hacemos en la práctica de conciencia, es experimentar que quienes somos no es el condicionamiento social de odio a ti mismo. Quienes somos, es el ser consciente, compasivo, que es nuestra naturaleza esencial. A medida que aprendemos más a vivir desde nuestra esencia, crecemos para darnos cuenta de que es nuestra oportunidad, nuestro gozo y nuestro deleite acoger todo lo que sufre dentro del amor incondicional y la aceptación.

Tienes que asumir
la responsabilidad
de vivir

HOY

la vida que deseas vivir.

Lo que quiero en mi vida	Marque Una		
	SI	NO	TALVEZ
ACEPTACIÓN			
RECHAZO			
COMPASIÓN			
JUICIO			
CLARIDAD			
DEBERÍA			
LIBERTAD			
RESISTENCIA			
DOMINIO			

La única diferencia entre la vida que estás viviendo y la vida que deseas vivir es la sensación de ser apreciado, amado y aceptado. Incondicionalmente.

Entonces ...
dátelo a ti mismo ¡¡¡AHORA MISMO!!!
            ¡¡¡EN ESTE MINUTO!!!
            ¡¡¡NO ESPERES!!!

No cuando hayas cambiado. No cuando estés de mejor humor. No cuando te lo hayas ganado. ¡AHORA MISMO! Podrías empezar por apreciarte a ti mismo por leer este libro, por importarte, por estar dispuesto, por abrir tu corazón.

No hay nada peor
que te pueda pasar en la vida
que vivir sumido en el miedo y el odio a ti mismo.

Y lo más triste
es que vivir sumido
en el miedo y el odio a ti mismo
no va a impedir que aquello
a lo que le temes y odias te suceda.

Nos aferramos a la idea
de que hay algo mal

Hay algo mal
con este universo,
y necesito
arreglarlo.

porque así es como
mantenemos nuestra posición
en el centro del universo.

El Odio a uno mismo No Funciona (¿O sí?)

GUÍA: Azotarte por algo realmente es una gran estafa porque mientras yo estoy aquí azotándome (una vez más he comido algo que no debí comer), estoy aquí tratando de mejorar quien soy (si sólo pudiera controlar esta alimentación compulsiva, entonces sería la persona que debo ser), sin notar, convenientemente, que allá me estoy preparando para confabular con el odio a mí mismo para castigarme cuando no logre este estándar (Estoy tan estresada que necesito una golosina, quizás una banana split o tal vez un late frío de moca con crema extra...) Entonces, funciona de dos maneras.

Someterme al castigo del odio a mí misma me hace sentir que 1) Estoy haciendo lo mejor que puedo para convertirme en la persona que debería ser, y aun cuando estoy "fracasando" en ser la persona que debería ser, 2) soy recompensada porque hago tanto esfuerzo y soy muy castigada.

ESTUDIANTE: Es difícil verlo hasta que se te menciona varios millones de veces, que esta manera de mejorar la persona que soy, lo cual he estado haciendo diligentemente toda mi vida, no ofrece el efecto deseado.

GUÍA: De hecho, tiene el efecto contrario, y éste es el por qué lo hacemos. Por ejemplo, es difícil para personas como nosotros sentirnos víctimas, pero si no me siento víctima, ¿cómo podré justificar mi posición privilegiada en la vida? No puedo, por eso la única manera de sentirme víctima es victimizándome a mí misma. Yo trato con tanto empeño y trabajo tan duro y dejo que el odio a mí misma me castigue constantemente y, Dios mío, necesito un viaje a Nepal para tratar de tener algún alivio, para encontrarle algún sentido a la vida, ¿sabes? O, necesito un carro nuevo porque estoy siendo victimizada por este horrible viaje que hago todos los días al trabajo.

ESTUDIANTE: He aprendido profundamente que si digo no al castigo del odio a mí mismo no soy una buena persona, y que estas dos cosas son iguales. Mientras más me odio a mí mismo por hacer cosas malas, soy una persona mejor y más virtuosa.

GUÍA: Por supuesto, en el momento en que analizamos esto, nos damos cuenta de que nunca ha funcionado y todavía no funciona, de hecho, no tenemos evidencia de que alguna vez haya funcionado en alguien. No funcionó en nosotros cuando éramos niños y no ha funcionado en nosotros desde que somos adultos. No funciona en ningún niño que conocemos. No funciona. ¿Por qué entonces continuamos haciéndolo?

ESTUDIANTE: Porque funciona de una manera superficial. Puedo azotarme por hacer algo malo y asustarme a mí mismo lo suficiente para no hacer esa cosa mala otra vez. Así es que a este nivel se podría decir que funciona.

GUÍA: Creo que sí funciona, pero no en la forma que nos gusta pretender que lo hace. Funciona en el sentido de que me permite hacer cualquier cosa que yo quiera hacer porque tengo que recompensarme a mí misma por todo el castigo que he recibido en mi vida.

Dice así: Me castigo* en formas que refuerzan mi identidad, luego me gratifico en formas que mantienen mi identidad. Es un acto constante de balanceo en el cual seré dura conmigo misma de estas maneras para poder gratificarme en estas maneras.

La mayoría de nosotros somos bastante buenos balanceando estos dos. El resultado: mantenimiento del la identidad. El ego gana y el ego gana.

*¡No es que yo me castigue, el odio a mí mismo me castiga! El castigo es administrado por el odio a mí mismo.

Nada Que Hacer. Nadie Quien lo Haga.

Cuando estás en el momento presente, no hay un TU que esté separado y solo, no hay identificación con el egocentrismo.

El odio a ti mismo está diseñado para asegurarse de que esto no suceda.

El odio a ti mismo te sacará de la experiencia del momento presente para poder enfocarte en "¿Qué está mal? ¿Qué hice?". * Es ese interrogatorio y análisis interno el que te saca del momento presente ya sea hacia el pasado, "¿Cómo debería haber sido yo en lugar de como fui?", o hacia el futuro, "Qué debería hacer al respecto?".

*A esto se le conoce como "la mente de algo malo".

No importa lo que pasó

ENTONCES.

Lo único que importa es lo que pasa

AHORA.

La mejor razón
para observar el odio a uno mismo
es porque se interpone
en nuestra capacidad de hacer
la práctica espiritual.

Se interpone para poder
encontrar ese lugar de profunda compasión
dentro de nosotros mismos
que es la parte más grande de
la práctica espiritual.

Sentarse Quieto, Sentarse Con

Cuando vine por primera vez a una práctica espiritual, pensé que aprendería a sentarme y todo mi condicionamiento, mi sufrimiento, mi pasado se desvanecería y yo simplemente estaría centrada. Ahora veo que sentarse significa sentarse con todo eso, permitiéndole ser exactamente como es, sin necesidad de tener que hacer algo respecto a nada de eso.

Cada vez que intento componerme, agrando el problema.

Cuando el condicionamiento puede simplemente salir y pasar, pierde poder, pierde momentum.

De esta manera,
sentarse quieto con eso lo disuelve,
lo quema,
lo destapa.

Qué Está Sucediendo Realmente

Esta es la razón por la cual la meditación, poner atención, conciencia y retiros largos son de mucha ayuda:

Estás sentado quieto.
Estás observando, observando, observando.
Después de varios días, el mundo parece desaparecer. El sistema no puede mantener las mismas conexiones porque tiende a empezar a enfocarse en lo que sea que esté sucediendo a tu alrededor, y no está sucediendo mucho. Entonces todo empieza a ponerse lento, todo empieza a simplificarse. Realmente no hay nada más que hacer que dirigir tu atención hacia adentro. Entonces empiezas a ver cómo es realmente la programación. Empiezas a escuchar más

claramente las cosas que te dicen a ti mismo, cosas
que no podías escuchar hasta que todo se volvió
muy quieto.

El observar crea un espacio.

Tu atención se enfoca.

Es como tener un microscopio.
Ahora puedes empezar a darte cuenta de lo que
realmente está sucediendo.

Tenemos Opciones

Podemos vivir nuestra vida tratando de conformarnos a un estándar nebuloso,
o
podemos vivir nuestras vidas viendo cómo funciona todo.

Cuando damos un paso atrás y lo miramos de esa manera, es obvio que

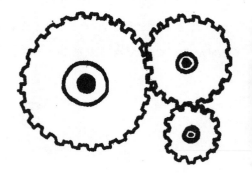

la actitud de fascinación es la única actitud inteligente para abordar lo que sea.

Una Búsqueda Útil

ESTUDIANTE: Cuando empecé a sentarme a meditar, calculé cuántos respiros serían necesarios hasta que pudiera levantarme otra vez.

GUÍA: Una búsqueda útil.

ESTUDIANTE: Conté todas las respiraciones que yo tomaba en un período de meditación de 30 minutos. Después pude superar eso y empecé a contar hasta 10, que es lo que me enseñaste a hacer. Entonces me día cuenta de que se había convertido en una muleta. Calculaba cuántos grupos de diez me tomaba para terminar, y cuando no podía soportarlo más, pensaba "Solo tengo que respirar 5 grupos de diez más y habremos terminado". Pero me di cuenta de que eso tampoco ayudaba y me juzgué diciendo, "Estás haciendo esto mal". Entonces creé una regla en la que no podía contar hasta diez. Y luego pensé, "Si la opción es contar del 1 al 10 o no sentarme, voy a contar del uno al diez".

GUÍA: Contar del 1 al 10 no me va a hacer iluminada, pero no contar del 1 al 10 no me va a hacer una iluminada tampoco.

ESTUDIANTE: El ego dice, "Esto es tan estúpido. Es una pérdida de tiempo". Y sin embargo mi experiencia no es esa para nada.

GUÍA: Exactamente. Si el ego dijera, "No quiero meditar más. Estoy aterrorizado. Tengo miedo de morir", sería muy claro para nosotros. Pero en cambio dice, "Esto es estúpido. ¿Cuánto tiempo he estado haciendo esto? Sentado aquí contando 1, 2, 3, 4..."

Y es muy convincente. Entonces poder centrarnos nuevamente lo suficiente para decir, "Si alguien en mí piensa que esto es aburrido y estúpido, pero alguien más en mí quiere hacerlo, ¿por qué no dejarla que lo haga?". Entonces, aprender a sentarnos quietos cuando detestamos lo que está sucediendo, aprender a sentarnos quietos cuando es realmente, realmente difícil es muy bueno. No hay nada que hacer sino desechar la idea de que tú estás en control. Inhala, exhala, inhala, exhala. ¿Te vas a sentir mejor? No. ¿Vas a conseguir todo lo que quieres? No. Pero no hay alternativa— lo que es, es. Entonces puedes decir, "Okay, voy a estar bien con esto", renunciando a toda esperanza, toda expectativa, toda ilusión de que tú puedes afectar algo. Inhala. Exhala. No está tan mal. Entonces aprender a sentarte quieta cuando no hay nada que puedas hacer acerca de lo que estás experimentando es increíble y valioso.

El ego dirá, "Sentarse solía ser divertido. Me encantaba sentarme. Era fácil sentarme. Quería sentarme. Iba a retiros para poder sentarme mucho. Ahora lo odio. No quiero tener esta experiencia de sentarme. Quiero sentirme como me sentía antes". Pero no es así. ¿Puedes aprender a amar la experiencia que estás teniendo? ¿De abrirte completamente a la experiencia de odiar lo que está sucediendo? ¿Sin reprimir, sin negar, simplemente dejándote llevar completamente hacia la experiencia y descubrir qué es lo que te gusta?

¿Puedes percibir lo que estoy diciendo? Permítete odiarlo. Permítete estar enojada. Permítete tener una rabieta. Sería bueno para ti. Sería muy terapéutico para ti.

ESTUDIANTE: Lo que pude ver cuando hablabas es que yo tengo esta idea de cómo supuestamente debe ser sentarse.

GUÍA: Exactamente, pero como es sentarse, es como es sentarse. Y como es para ti en este momento es miserable. Y si todo lo que estás siendo es miserable, miserable no es malo. Es únicamente cuando eres miserable y odias ser miserable, es cuando realmente es un infierno.

No hay nada más importante que la compasión. Cualquier cosa diferente a la compasión está diseñada para sacarnos del centro. Cualquier cosa diferente a la compasión es ego. No caigas en eso. Puedes acogerlo todo con compasión de la misma manera que lo harías con una niña traviesa. Pero si hay juicio, viene del ego. Del centro, de la compasión no hay juicio. No hay elemento de malo o bueno. Entonces no tienes que estar engañada por más tiempo. Ego sería el que esté diciendo, "Bueno, sí, pero eso no es un juicio. Eso es simplemente claridad de percepción. De hecho, estoy centrado y puedo ver eso estando centrado, realmente no es bueno ser de esa manera". ERROR.

ESTUDIANTE: Parece ser de gran ayuda tener a una persona afuera que te diga, "¿Te das cuenta cómo estás mirando las cosas desde el ego aquí?".

¿La idea es tener eventualmente, ese tipo de perspectiva interiormente?

GUÍA: Absolutamente. Lo que estás aprendiendo a hacer con esta práctica es ver el lugar desde el cual la Guía observa. Cuando estás con la Guía puedes ver eso claramente. Tú entras y sales de ese lugar, ¿correcto? Y estás descubriendo ese lugar dentro de ti. Y eventualmente eso se convertirá en tu— y esto tiene que estar entre comillas— "identidad". Simplemente vivirás desde ese lugar. Ocasionalmente serás jalada hacia el ego, pero vivirás desde allí.

Cuando simplemente observas
el siguiente movimiento
de la mente...

y el siguiente

Y el siguiente

toda la masa de condicionamientos
que te han enseñado a creer
empieza a derribarse.

MILAGROS

Es un milagro:

— querer sentarse a meditar.

— sentarte a meditar y tener tu atención
divagando y luego volver a la respiración.

— sacar tu cabeza fuera del agua (o fuera de la
olla del guiso) por cualquier período de tiempo.

— poder siquiera vislumbrar como funciona todo.

— tener la voluntad de practicar.

Jesús dijo,

"Tienen que ser como niños".

Él se refería a tener como nuestra identidad primaria un Corazón inocente, no la mente condicionada.

Es muy claro que la vida se da a partir de un Corazón inocente y compasivo. No tenemos que tomárnoslo como algo personal. No estamos siendo castigados, ni tampoco estamos siendo recompensados. Es únicamente cuando nos identificamos con nuestras mentes condicionadas y socializadas que esto se nos dificulta.

ESTUDIANTE: He estado pensando acerca de las palabras de San Juan: "El amor perfecto aleja el miedo". Para mí eso significa volver a la respiración en cualquier momento porque está la compasión perfecta que alejará al miedo. ¿De qué otra manera podemos retar esa clase de miedo tan sutil?

GUÍA: Volver a la respiración quiere decir dejar ir tus creencias, y sin las creencias no puedes sentir miedo.

ESTUDIANTE: Es muy difícil poner el amor en el lugar del miedo, pero simplemente regresar a la respiración no es para nada difícil— no hay nada que hacer sino respirar.

GUÍA: Exactamente. Tratar de hacer que el amor esté ahí es <u>hacer</u> algo. Dejar todo y volver a la respiración no es hacer nada. Pero en ese lugar está el amor incondicional que estás buscando.

ESTUDIANTE: Entonces si queremos tener un tipo de vida que esté avanzando hacia la libertad, tenemos que volver a la respiración continuamente.

GUÍA: Sí. Esa es la dirección para encontrar la compasión. Es importante ver que la compasión no es algo que hacemos. De hecho, cuando lo dejas todo y regresas a la respiración, no está sucediendo nada, ¿verdad? Después podemos decir que fue muy apacible o placentero o que se sintió como amor incondicional, pero cuando estamos sólo con la respiración, no hay nada ahí. Queremos volverlo algo para que podamos tener una relación de sujeto a objeto con eso. Pero en la experiencia, literalmente no está pasando nada. No hay odio a ti mismo, no hay problema en el futuro, no hay problema en el pasado. Nos podemos acostumbrar a estar en ese lugar. Se nos hace cada vez más familiar y hay una sensación de identificación más profunda— la identidad que comparten todos los seres.

Practicamos regresar a ese lugar una y otra vez. Y cada vez, todo se derrumba. Luego divagamos hacia todo esto nuevamente, luego lo dejamos y volvemos a la respiración. Practicamos esto con cosas pequeñas para poder experimentar que está bien. Así es que, estoy pensando en algo y me doy cuenta de que estoy pensando, dejo ir el pensamiento y regreso a la respiración. Y no se ha perdido nada. Yo no estoy reprimiendo nada. No estoy evitando nada. Simplemente estoy dejando ir el sistema que mantiene la identidad, el egocentrismo y estoy regresando al momento presente. A medida que aprendo que no hay peligro en este proceso, no hay miedo, no hay nada que perder, puedo practicarlo con cosas más grandes hasta que, un día, en medio de algo grande y amenazador, puedo dejarlo pasar y volver a la respiración. El proceso es exactamente el mismo que para las cosas pequeñas. Ya no creo en eso porque para mí es una cosa grande y amenazadora, es más real. Sé que la respuesta es dejarlo ir y regresar a la respiración.

El trabajo del egocentrismo es contrarrestar eso insistiendo que si lo dejas ir y regresas a la respiración, vas a morir. Por eso es que tengo que practicar el dejar pasar todas las cosas que surgen un millón de veces. Practico y practico y practico, y cuando la voz surge diciendo que voy a morir si no hago tal o cual, mi respuesta es "No he muerto todavía. ¿Cuántas veces me has dicho que voy a morir y no ha sido así? Estás perdiendo credibilidad".

ESTUDIANTE: Me tomó mucho tiempo ver que "voy a morir" no es necesariamente un mensaje verbal. Para mí es más una sensación física, y también un revuelo emocional, el cual tuve que ver una y otra vez para darme cuenta de que el mensaje de fondo era que moriría.

GUÍA: "No lo puedo aguantar", es otra forma que puede tomar.

ESTUDIANTE: Y aun así, ese espacio entre el "yo" que lo deja ir y el que vuelve a la respiración conlleva un increíble salto de fe.

Sobre el Camino

Hacer este trabajo solo es difícil, pero ciertamente no imposible. Si tienes un amigo /una amiga, terapista o consejero que entiende este trabajo, esa persona puede asistirte en mantener la perspectiva de desidentificación que el odio a ti mismo intentará remover diligentemente. Recuerda que mantenerse a sí mismo es el enfoque primario del odio a ti mismo. Es astuto, resbaladizo, tramposo. Al principio, te engañará con mucha frecuencia. Y eso está bien. No es una competencia. Lo que estás aprendiendo en este trabajo es a tener compasión contigo mismo no importa qué.

Mantener esto firme al frente de tu conciencia, aquí hay algunas sugerencias para ayudarte a empezar:

Pregúntate a ti mismo cuáles son las cosas que siempre has querido que alguien te diga, pero nadie lo ha hecho nunca.

Pregúntale a tu niño / niña interior qué necesita oírte decir.

Haga una grabación. Dite a ti mismo las cosas que siempre has querido que alguien más te diga. Incluye todo lo que el niño / la niña necesita escuchar para sentirse amado y apreciado.

Escucha la grabación todos los días. Agrégale cosas cuando pienses en algo más que quieras escuchar.

Escríbete cartas de amor.

Piensa en al menos una cosa amorosa que puedes hacer por ti cada día.

Haz una lista de cosas que te gustaría tener y empieza a proporcionártelas.

Cada vez que le des un regalo a alguien, regálate algo (aun cuando sea pequeño) a ti mismo.

Cada vez que recibas un regalo, dale algo a alguien (aun cuando sea algo pequeño), y realmente permítete sentir gozo por haberlo hecho.

Detente y apréciate a ti mismo por cada pensamiento y cada acto de bondad.

Siéntete cómodo diciéndote "te amo" y repítelo muchas veces todos los días.

Busca fotos tuyas de cuando eras pequeño, enmárcalas, colócalas en un lugar prominente y permítete empezar a apreciar a esa personita.

Mantén un diario, tomando nota especialmente de las maneras autodestructivas como las voces te hablan y te tratan. Cada vez que te des cuenta de un pensamiento o de un acto de odio a ti mismo, recuérdate a ti mismo que aun cuando te hayan enseñado a tratarte de esa manera, ahora estás comprometido a tratarte con aceptación y amor incondicional.

Y por supuesto, nosotras recomendamos un tiempo de quietud y soledad cada día (preferiblemente un tiempo de meditación) para poder estar más presente contigo mismo.

La única salida de esta vida de sufrimiento es a través de la puerta de la compasión.

"Pero ¿cómo encuentro la puerta?".

No la puedes encontrar porque está en ti. En el momento en que no quede más nada de ti sino compasión, tú ERES la puerta.

La puerta está abierta...
y eres libre.

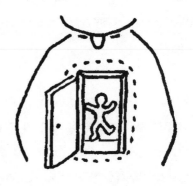

Este es nuestro primer libro en español, y tenemos planeado publicar muchos más. Para comprar nuestros otros títulos en inglés, visita keepitsimple.org o tu librería local.

Puedes encontrar más información sobre la Práctica de Conciencia Zen en nuestro sitio web, livingcompassion.org. Hay muchas formas de participar en nuestra práctica. Llama a Open Air, el programa de radio en vivo interactivo en línea de Cheri Huber, asiste a retiros y talleres, recibe asistencia individual de un entrenador de Conciencia Zen o participa de nuestras muchas ofertas virtuales.

Por favor envía un correo electrónico a information@livingcompassion.org si tienes preguntas.